郫都区安德街道广福村韭菜（黄）种植基地1　　（冯亮、马锐 摄）

郫都区安德街道广福村韭菜（黄）种植基地2　　（冯亮、马锐 摄）

郫都区安德街道永盛生菜生产基地　（冯亮、马锐 摄）

郫都区德源桤木河稻蒜种业示范园、袁隆平杂交水稻科学园（冯亮、马锐 摄）

郫都唐昌镇区战旗村　（冯亮、马锐 摄）

春风十里桃花红　（周万龙 摄）

汉源春色　（刘洪尧 摄）

汉源优势 （周万龙 摄）

九双环线风光 （周万龙 摄）

桃源盛景1 （周万龙 摄）

桃源盛景2 （周万龙 摄）

桃源盛景3

（周万龙 摄）

果乡——九乡镇

（周万龙摄）

小农生产——梯田

（周万龙摄）

西南地区乡村振兴战略、路径与模式研究

——以四川省为例

杨亚东　罗其友　等著

中国农业科学技术出版社

图书在版编目（CIP）数据

西南地区乡村振兴战略、路径与模式研究：以四川省为例 / 杨亚东等著. —北京：中国农业科学技术出版社，2021. 2

ISBN 978-7-5116-5150-1

Ⅰ. ①西… Ⅱ. ①杨… Ⅲ. ①农村-社会主义建设-研究-西南地区 Ⅳ. ①F327. 7

中国版本图书馆 CIP 数据核字（2021）第 019131 号

责任编辑 于建慧
责任校对 马广洋
责任印制 姜义伟 王思文

出 版 者 中国农业科学技术出版社
北京市中关村南大街 12 号 邮编：100081
电　　话 (010)82109708(编辑室) (010)82109702(发行部)
(010)82109709(读者服务部)
传　　真 (010)82106650
网　　址 http://www.castp.cn
经 销 者 各地新华书店
印 刷 者 北京建宏印刷有限公司
开　　本 710mm×1 000mm 1/16
印　　张 13. 25 彩图 8 面
字　　数 215 千字
版　　次 2021 年 2 月第 1 版 2021 年 2 月第 1 次印刷
定　　价 60. 00 元

著者名单

中国农业科学院农业资源与农业区划研究所

杨亚东　罗其友　刘　洋　高明杰　马力阳

伦闰琪　刘子萱　胡韵菲　杜娅婷　张　烁

薄沁箐　段丁丁　朱娅秋　巨章宏　冯　欣

四川省社会科学院

郭晓鸣　廖祖君　虞　洪　高　杰　张克俊

刘文帅　戴旭宏

四川省农业科学院

赵颖文

四川农业大学

张耀文

四川省农业农村厅

任永昌

农业农村部管理干部学院

栗欣如

前　言

在中国特色社会主义事业迈进新时代这一关键节点，以习近平同志为核心的党中央在深刻认识世界城乡关系变化规律和中国特色社会主义建设规律的基础上提出了乡村振兴战略，这一战略是着眼于党和国家事业全局，着眼于推进“四化同步”、决胜全面建成小康社会进而实现社会主义现代化强国伟大目标而作出的重大战略部署。西南地区是我国粮油、生猪等重要产区，地形地貌以山地丘陵居多，农业地位重要而特殊，经济发展维度丰富多样，探讨构建符合西南地区特色的乡村振兴战略、路径与模式具有重要理论和现实意义。

本书系中国农业科学院基本科研业务费专项“四川省乡村振兴战略模式研究”（编号 Y2018YJ26、Y2019ZK10）成果拓展而成。全书包括总论、乡村振兴战略的历史逻辑与现实需求、乡村振兴战略的时代意义与战略内涵、四川省乡村振兴的现实基础与客观需求、四川省推动乡村振兴的对标分析、四川省推动乡村振兴的短板制约、四川省实施乡村振兴战略的主要做法、四川省实施乡村振兴战略的典型模式和创新经验、四川省实施乡村振兴战略的未来目标与路径分析，共 9 部分。

在本课题研究过程中，中国农业科学院科技管理局、中国农业科学院农业资源与农业区划研究所、国务院发展研究中心、四川省社会科学院等有关单位专家和领导给予了大力支持，提供了建设性意见建议，在此一并表示感谢。此外，由于水平所限，书中不周之处敬请各位读者批评指正。

著　者

2020 年 6 月于北京

目　　录

一、总　论

实施乡村振兴战略是以习近平同志为核心的党中央准确把握我国国情、社情、农情，在深刻认识我国城乡关系变化特征和现代化建设规律的基础上，着眼于党和国家事业全局，着眼于推进“四化同步”对“三农”工作作出的重大决策部署，是决胜全面建成小康社会、全面建设社会主义现代化国家而部署的重大历史任务，是新时代做好“三农”工作的总抓手。

乡村振兴战略的提出，符合工业化进程中城乡关系、工农关系的演变规律和我国经济发展的阶段特征，具有深刻的历史逻辑和现实需求。世界经济发展史已经证明，进入工业化阶段后，城乡关系依然伴随生产力发展而发生变化。工业化初期，在产业效率优势和国家战略导向下，城市工业迅速扩张，通过吸附农村要素资源实现优先发展并形成回波效应，农业农村发展经历了由去“过密化”带来的加快发展向要素流失带来的停滞发展的转变，城乡间差距开始显现。进入工业化中期，日益拉大的城乡差距已经成为阻碍经济发展的重要因素，经济发展亟须调整发展战略、补齐农业农村短板。

改革开放以来，随着我国工业化和城镇化的加速发展并进入工业化中后期，我国城乡关系也发生了巨大变化：一方面，城乡之间的联系交流更为频繁和密切；另一方面，城乡之间的发展差距迅速扩大。面对城乡关系的严重失调，党中央高度重视，21世纪以来，相继制定并实施了统筹城乡发展、新农村建设、城乡发展一体化和新型城镇化等宏观战略，通过发挥政府“看得见的手”的作用，对农业“多予少取”，推动基础设施和基本公共服务向农村延伸与覆盖，城乡差距开始缩小，城乡二元结构有所松动。

然而，无论是统筹城乡发展还是城乡发展一体化，都是以城市为中心的发展模式，其政策着力点主要是以工业反哺农业、以城市统筹乡村，从外部助力“三农”，主要解决的是“城市有而农村无”“城乡差距过大”问题。而农村作为各种政策和补贴的接受者，依然处于从属地位，缺乏发展的平等性、自主性和内生性。正如习近平总书记指出的，“城乡二元结构没有根本改变，城乡发展差距不断拉大趋势没有根本扭转。”

新时代，我国社会主要矛盾已经转化为人民日益增长的美好生活需要和不平衡不充分的发展之间的矛盾，而农村地区正是我国经济发展最不充分的区域，城乡发展不平衡正是我国最大的发展不平衡。因此，在新时代如何破解城乡发展差距过大问题，依旧是一个重大的历史性课题。我国已迈入工业化、城镇化的关键节点，长期的城市优先发展战略不仅削弱了农业农村持续发展的能力，而且对国民经济持续发展和社会整体稳定产生影响。进入新时代后，城乡发展不平衡也成为经济结构中最大的不平衡，农业农村已经成为国民经济发展的短板。工业化、城镇化推进过程中工农城乡关系的演变规律要求我国必须通过发展战略的重大转变对城乡关系转变的内在要求作出积极回应。

在此背景下，中央提出实施乡村振兴战略，其目的不仅是实现我国农业农村现代化的加快发展和工农城乡关系的全面重构，更是对我国经济发展模式和发展道路进行的重大调整。乡村振兴是与新型城镇化相互配合的重要发展战略，实施乡村振兴战略是应对社会主要矛盾转化的客观要求，是构建现代新型城乡关系必然过程，是推进农村“三生”融合、实现农业农村现代化的核心路径。作为一项统领新时代我国农业农村发展的重大战略，乡村振兴战略具有深刻而丰富的理论内涵，它是工农城乡关系发展到新时期、新阶段的新战略、新部署，其战略内容不仅涉及乡村产业的振兴，而且涉及乡村政治、文化、社会、生态等建设的全方位、全领域、全系统振兴；它不是以前“三农”工作的简单翻版，而是在理念、价值取向、战略布局、发展模式上的重大创新；它不是解决当前“三农”问题的权宜之计，而是根本长远之策；它不是让工业化、城镇化停下脚步，而是改变城市偏向的发展思维，坚持农业农村优先发展，实现城乡融合发展。乡村振兴战略不仅是实现农业农村现代化的战略谋划，也是通过城乡、工农关系的重构适应生产力发展的重大历史进程，其根本方向是通过农业农村优先发展，建立起与工业化中后期发展阶段相适应的城乡关系，其总体目标和要求是产业兴旺、生态宜居、乡风文明、治理有效、生活富裕，其重要保障是通过政府和市场的相互配合，建立健全城乡融合发展体制机制和政策体系。

党的十八大以来，四川省省委、省政府深入贯彻落实习近平总书记关于“三农”工作的重要论述，全面落实党中央各项决策部署，坚持以农业供给侧结构性改革为主线，以擦亮四川省农业大省这块金字招牌、实现农业大省向农业强省转变为目标，全面深化农村改革，农业农村发展取得了历史性成就，发生了历史性变革，为乡村全面振兴奠定了坚实基础：一是全省农业综合产能显著增强，现代农业体系逐步健全。农林牧渔业增加值从2015年的 3 745.3亿元增至2018年的 4 543.6亿元，位居全国第二位。粮食稳定在600亿斤①以上，实现连续4年增产。油料作物实现面积和产量双增长，油菜籽总产量稳居全国第一位。蔬菜、水果、肉类、水产品等主要农产品产量均位居全国前列，生猪生产继续保持全国第一大省地位。二是农村基础条件大幅改善，宜居乡村建设持续推进。截至2018年，全省累计建成高标准农田 3 393万亩②，占耕地面积1/3，乡镇和建制村道路硬化率分别达到98%和93%，基本实现“乡乡通油路、村村硬化路”。农村教育、卫生、文化以及社会保障均有长足进步，累计建成幸福美丽新村29 925个，占全省行政村总数的65%。三是脱贫攻坚取得显著成效，贫困群体生计来源稳定，2012年底至2018年底，全省农村贫困人口从724万人减少至67万人，贫困村从 11 051个减至 1 782个，全省贫困发生率从10.3%降至1.1%，全省88个贫困县中有30个县成功摘帽，精准扶贫、精准脱贫成效显著，四川省脱贫攻坚进入决战决胜、全面收官的关键阶段。四是乡村产业多元融合提速，新业态新模式大量涌现。2018年，四川省休

注：①1斤=500克，后同。

②1亩≈667平方米，后同。

闲农业和乡村旅游综合经营性收入达 1 500 亿元，接待游客 3 亿人次，休闲农业规模效益继续领跑全国。农村电子商务呈现蓬勃发展势头，“互联网+农业”推动现代农业快速转型升级。五是农村居民收入稳定增长，城乡收入进入缩小轨道。2018 年，四川省农村居民人均可支配收入达到 13 331 元，比 2013 年增长 59.06%，农民收入增速持续高于城镇居民以及全国平均水平，城乡居民收入比从 2013 年的 2.65∶1 缩小到 2.49∶1。农村居民收入的稳定增长，带动消费能力显著提升，尤其是医疗健康、教育文化、信息通信等方面的消费支出快速增长，促使农村居民恩格尔系数从 2013 年的 43.5%降至 35.2%。六是农村各项改革深入推进，要素流动性进一步增强。截至 2018 年年底，四川省家庭承包耕地流转面积达 2 293.73 万亩，农村承包地流转比例达 39.5%；同时，通过大力推广经营权流转、土地股份合作、代耕代种等方式，发展多种形式农业适度规模经营；持续推进农村集体产权制度改革，农村集体产权制度改革实现全省全覆盖，4.3 万个村完成清产核资；通过拓展农村“两权”抵押贷款试点范围，拓宽农村贷款抵押资产范围，一定程度上缓解了农业经营主体贷款难问题；供销合作社综合改革扎实推进，县级社和乡镇基层社覆盖率分别达到 90%和 60%以上，为农服务能力显著提升。

随着经济发展进入新时代，四川省乡村发展也承载着新的历史使命。对四川省而言，实施乡村振兴战略是巩固并运用前期农业农村发展成果的客观要求，是提升农业竞争力、实现从农业大省向农业强省跨越的必然过程，也是乡村社会政治文化整体完善、农民生活质量全面提升的现实需求。为实现乡村全面振兴的历史目标，推进乡村产业转型升级和农业农村现代化，四川省全面深化农村领域改革，进一步强化自身比较优势。同时，对标发达地区乡村发展，清晰认识全省推进乡村振兴战略中存在的短板制约与问题挑战，积极学习借鉴浙江、江苏等发达地区乡村发展中的有效做法和创新经验，高质量实现全省乡村全面振兴战略目标。通过与沿海发达地区的对标检视，四川省在乡村发展领域仍存在不小的差距，在产业兴旺维度，四川省的农业科技进步贡献率、农业劳动生产率和农产品加工效益方面均处于落后位置；在生态宜居维度，四川省的畜禽粪污综合利用率、村庄绿化覆盖率等方面较为滞后，在农村卫生厕所普及、生活垃圾处理等方面发展较好；在乡风文明维度，农村专任教师受教育程度、文明村和乡镇占比、农民教育文化娱乐支出占比等指标处于相对落后状态，村综合性文化服务中心覆盖率处于领先位置；在治理有效维度，四川省在村党组书记兼任村委会主任比例、集体经济强村比例、建有综合服务站的村占比等方面明显落后，亟须引起高度重视；在生活富裕发展维度，四川省农民恩格尔系数明显偏高、农村自来水普及率明显偏低、城乡居民收入差距偏大。

基于发展基础分析和对标检视结果判断，四川省在推进乡村振兴战略过程中，面临着以下几方面的短板和制约：一是农业产业转型升级难，“川字号”产品竞争力不强。从农业标准化、商品化、品牌化等多维角度来看，“川字号”农产品的市场竞争力、影响力等均相对偏弱，“川字号”农业产业大而不强、品牌不响的问题尚待破局。二是规模化经营推进缓慢，土地细碎化制约仍存在。作为农村劳动力转移输出大省，四川省农村空心化、农民老龄化问题较为突出。同时，土地适度规模经营质量不高，具有经济意义的适度规模经营土地占比低，经营耕地面积在30亩以上的农户数比重仅1.68%，明显低于全国3.88%的平均水平。三是农村人居环境治理难，农民生活品质亟待提升。作为全国6个扶贫任务最重的省份之一，四川省经济发展相对滞后，加之，四川省地域广阔，山区、丘陵比重较高，广大山区农民分散居住，“户分类、村收集、镇转运、县处理”等人居环境整治模式在四川省存在着较强的区域局限性，现有技术与资金投入也难以支撑起农村人居环境的综合整治。四是基层调适能力趋弱化，乡村治理成本不断攀升。随着农村人口不断外流，乡村精英大量流失、乡贤严重缺失，乡村社会自我修复和调适能力不断下降，同时，全省大部分乡村基层组织和农村法治基础薄弱，法治、德治、自治难以形成“三治合一”的格局，村民权利无法保障落实。五是乡村劳动力严重缺失，“未来谁种地”问题严峻。乡村青壮年人才的不断流失，促使务农劳动力“老龄化”甚至“高龄化”趋势不断加剧，目前，四川省政府多举措促进人才返乡下乡，但人才返乡下乡速度远低于乡村发展对人才需求的增长速度。六是集体经济改革推进难，乡村发展内生活力不足。四川省集体经济组织发育不足、盈利能力不强、发展水平较低等严重阻滞了乡村内生活力的发挥，随着宏观经济形势进一步下行，四川省农村集体经济的可持续发展将面临愈加严峻的挑战。七是农村内部发展不平衡，区域经济差距持续扩大。四川省不同农村地区经济发展依然相差甚远，不同地区农村发展模式不同，例如成都平原区农业基本实现机械化、科技化和水利化，能够为农村经济发展起到巨大推动作用，城乡之间互动积极，而山地丘陵区农业发展仍然依托传统生产模式。不同发展模式带来的经济效益明显不同，更加剧了农村区域经济发展的不平衡。八是乡村传统文化逐渐衰落，文化传承面临严峻挑战。随着城镇化进程的加快，乡村人口大规模流失、聚集度降低，乡村熟人社会的伦理价值秩序逐渐解体，农村劳动力尤其是新生代的大量外出，导致优秀传统乡村文化的代际传递遭到阻断，乡村农耕文化、生态文化、民俗文化等均面临着传承平台和载体缺失的困境。

四川省是我国农业大省之一，也是我国重要的农产品主产区和农村改革实验示范地。四川省从处于转型发展、创新发展、跨越发展关键时期的历史阶段中和乡村大变革、大发展的宏观趋势中，谋划布局乡村振兴战略，采取了一揽子精准有效的政策举措。一是强化规划约束引导，完善顶层制度设计。印发了《四川省乡村振兴战略规划（2018—2022 年）》，在全国率先将村规编制作为实施乡村振兴战略的基础性工作，形成了乡村振兴较为完整的制度框架和政策体系，使乡村振兴平稳有序推进。二是聚焦深度贫困地区，全力推进脱贫攻坚。四川省聚焦在集聚于少数民族地区的 45 个深度贫困县，以超大规模的组织动员和超常规的工作力度，集中全力打赢脱贫攻坚战，确保与全国同步全面建成小康社会。截至 2018 年年底，四川省农村贫困人口降至 71 万人，贫困发生率降至 1.1%。三是推动农业提质升级，构建现代产业体系。针对农业“大而不强”的痛点，确立了特色农产品优势区和全国优质特色农产品供给基地、全国商品猪战略保障基地建设的发展定位，推动川粮油、川猪、川茶、川菜、川酒、川竹、川果、川药、川牛羊、川鱼等 10 大优势特色产业全产业链融合发展，夯实现代农业种业、现代农业装备、现代农业烘干冷链物流 3 大先导性产业支撑（“10+3”产业体系）；将“优、绿、特、强、新、实”六字经作为乡村产业振兴的重要方向，将农业产业园区建设作为工作重点，“三品一标”认定数量位居全国前列、西部第一，农产品地理标志产品数量位居全国第二。四是聚焦人居环境整治，建设生态宜居乡村。将农村人居环境整治作为实施乡村振兴战略的“第一仗”，借鉴浙江省“千村示范、万村整治”工程经验，推进美丽生态宜居乡村建设。印发《美丽四川省·宜居乡村推进方案（2018—2020 年）》等文件；各市（州）各选择一个县（市、区）作为农村人居环境整治示范。五是保护弘扬传承文化，焕发乡风文明气象。四川省明确打造全国具有重要影响力的乡村文化振兴试验区和示范区的目标定位，积极促进乡村文明传承、文化弘扬和文化发展，促进传统文化资源与现代消费需求有效对接。六是围绕促进“三治融合”，优化乡村治理体系。四川省按照“法治为本、德治为先、自治为基”的原则，加强农村基层党组织建设，形成以党组织为核心，集体经济组织、村民自治组织、社会组织等多元组织参与的“一核多元”的共治局面，促进乡村治理能力现代化。七是完善工作推进机制，汇聚乡村振兴合力。四川省坚持农业农村优先发展的原则，以强有力的组织领导和工作力度推动乡村振兴，在干部配备、要素配置、资金投入和公共服务上做到“四个优先”。

四川省各地区结合自身的优劣势、机遇和挑战，探索形成了多类型的乡村振兴推进模式。一是以成都市郫都区作为平原地区推进乡村振兴的样本。郫都区将“扬优补短”作为振兴方向，形成了以“融合”为核心的扬优补短的高位振兴实践：区域融合放大战旗品牌，产业融合提升综合效益，产村融合塑造大美乡村，改革融合激活发展潜能，内外融合增强人才支撑。二是以自贡市荣县作为丘陵地区推进乡村振兴的样本。荣县进行多元化、全方位的产业振兴实践，促进产业、人才、文化、生态、组织五大振兴齐头并进、同向发力，形成了具有鲜明特征的丘区乡村振兴实践路径：以本土型特色产业为基础推动转型升级，以友好型循环农业为路径提高发展质量，以合作型经营模式为载体促进多元增收，以融合型功能拓展为重点增强综合效益，以综合型改革创新为抓手破解瓶颈制约。三是以雅安市汉源县作为山区推进乡村振兴的样本。汉源县位于四川省西部，是地震灾区、水库库区、贫困山区、革命老区、少数民族地区“五区”合一的典型山区农业县。其主要创新性做法是以本土化核心农民为主体，以合作化生产经营为关键，以规模化小农服务为特色，以特色化产业融合为突破，以精准化政策引导为支撑。

四川省基于特殊省情和现实问题，在做法、机制和模式上形成了一系列创新性经验。一是以渐进化坚持寻优推进为路径，促进乡村振兴稳步实施。遵循点、轴、面规律，注重试点先行，先力求在“点”上取得突破后，再将好的经验和做法推广到“面”上，较好地确保了乡村振兴的科学性、精准性、有序性。二是以特色化构建产业体系为抓手，推动乡村产业升级发展。将粮油、猪、茶等10种具有地域优势特色产业作为构建现代农业产业体系的重点，进而实现乡村产业振兴和农业大省向农业强省跨越。三是以协作化促进跨区联动为重点，构建全省共享共赢格局。基于省域范围可分为多个相对独立地理板块的现实，提出“一干多支、五区协同”发展思路，着力在乡村振兴中推动各区域之间的协同式发展，形成多个区域之间共享共赢、共荣共生的发展格局。四是以集成化推进农村改革为关键，激活乡村振兴动力源泉。在全国率先启动城乡融合发展综合改革试点和乡镇行政区划调整改革试点，将农村集体资产股份合作制改革与农村集体经营性建设用地入市改革、农村宅基地管理制度改革、农村经营体制创新等充分衔接起来，并与乡村振兴、脱贫攻坚等有机结合，形成了多元改革集成深化，共同助力乡村振兴的局面。五是以系统化强化要素保障为基础，破解乡村振兴短板制约。注重采取系统精准的工作举措，多渠道拓展资金来源，多举措强化土地保障，多路径引聚优质人才，有效破解了乡村振兴的制约短板。

放眼未来，四川省在实施乡村振兴战略上还需要持续深化，尤其是要针对四川省乡村振兴中的短板和薄弱环节，站在全面、高质推进乡村振兴的角度，统筹谋划、系统实施乡村振兴战略。一是农村基础设施和公共服务欠账较多，供给质量和供给制度障碍仍然是当前制约四川省农村基本公共服务最突出、最根本的问题。二是农村生态和人居环境状况不容乐观，四川省仍有超过200万户的土坯房，村民小组配备专职保洁员的比例仅占40%，生活污水得到有效处理的行政村占比不到20%，有700万左右农户还在使用旱厕，50%的畜禽养殖废弃物未得到资源化利用和无害化处理。三是乡村振兴多层次人才支撑能力不足。不仅严重缺乏懂技术、善经营的各类新型经营主体和职业农民，更缺乏在乡村治理中能够发挥领军作用的管理人才；不仅丘陵地区和偏远山区人才不足矛盾突出，而且在基础条件较好的成都平原也同样存在。四是乡村社会治理现代化面临新的挑战。基层组织建设发展滞后，村组干部整体素质不高，党支部和村委会的凝聚力仍待提升，农民的法治意识比较薄弱，加上乡村利益主体多元化、利益格局复杂化的发展趋势，对传统乡村治理机制形成了新的挑战，迫切需要构建新型治理机制。

立足四川省乡村振兴的成效及短板，明确2035年四川省实施乡村振兴战略的目标：乡村振兴取得决定性进展，农业农村现代化基本实现，农业强省基本建成；农村生态环境根本好转，宜居宜业、留住乡愁的生态宜居美丽乡村全面建成；城乡基本公共服务均等化基本实现，城乡融合体制机制更趋完善；文明乡风、良好家风、淳朴民风基本形成，乡村自治、法治、德治相结合的治理体系更加完善；城乡居民收入差距和生活水平差距显著缩小。为此，四川省实施乡村振兴战略的重点在于：区域上，以重点衰退地区和深度贫困地区作为乡村振兴重点；领域上，以特色优势产业发展作为乡村振兴核心；任务上，以村庄整治和宜居乡村建设作为乡村振兴突破口；群体上，以贫困人口同步小康作为乡村振兴关键；措施上，以激活土地要素作为乡村振兴关键选择；手段上，以壮大集体经济作为乡村振兴重要抓手。

乡村振兴战略是一项系统性工程，实施乡村振兴涉及内容广、范围宽、部门多。根据四川省实际和特点，实施乡村振兴战略应采取融合化、绿色化、善治化、人文化、差异化“五化”推进路径。一是“融合化”推进路径。进一步打破城乡二元体制，突破原有的城市与乡村相互分离脱节的发展体系，转变孤立的乡村发展模式，构建深度融合的发展机制，推进城乡空间融合发展、一二三产业融合发展、城乡基础设施和公共服务融合一体化发展，实现城乡之间发展要素的平等对流，基础设施、公共服务和社会治理的平等覆盖。二是“绿色化”推进路径。进一步凸显四川省生态优势，构建以生态环境友好为指向的绿色化可持续发展模式，重点推进农业绿色生产，加强农村环境治理与生态保护，强化绿色发展评价机制，促进乡村生产、生活和生态“三生”融合发展，实现生态宜居目标。三是“善治化”推进路径。加强农村基层党建工作，健全自治、法治、德治相结合的乡村治理体系，充分保障农民平等参与、平等发展的权利，推进乡村治理体系和治理能力的现代化，走乡村善治之路。四是“人文化”推进路径。以加强乡风文明建设为抓手，提高农民文明素质、传承优秀乡土文脉、丰富乡村文化生活、实施“文化+”战略，既传承和发扬乡村优秀文化传统，又与现代文明有机结合，形成文明乡风、良好家风、淳朴民风。五是“差异化”推进路径。四川省不同区域乡村的衰退程度差异、发展基础差异、区位条件差异、发展趋势差异较大，在这种情况下，要防止“单一化”“一刀切”，建立分区域、分类型的差异化乡村振兴推进机制，提高乡村振兴的针对性和实效性。六是“激活化”推进路径。全面深化农村产权制度改革和城乡要素市场领域改革，通过优化乡村人才引育机制激活人才要素、深化农村土地制度改革激活土地要素、健全乡村投融资政策机制激活资本要素，促进人才、土地、资本等要素向农业农村集聚，激发农业农村发展内生活力，推动实现四川省乡村全面振兴。

站在有序、高效推进乡村振兴战略的角度，在以下六个方面需要高度重视并优化相应的政策。一是构建系统化顶层制度。在组织领导制度上，要强化各级党委书记抓乡村振兴的格局，进一步健全书记挂帅的乡村振兴领导小组+分管领导牵头的专项推进小组统筹施策机制。在工作推进制度上，要充分发挥规划的龙头引领作用，把好规划关、强化约束力，从源头上增强乡村振兴的统筹协同性，坚持“一张蓝图绘到底、一届接着一届干”。在振兴制度创新上，要围绕产业兴旺与农业供给侧结构性改革、生态宜居与美丽乡村建设、乡村基础设施建设与民生保障、乡风文明与文化兴盛、乡村治理与组织人才振兴、城乡融合发展体制机制改革等因地制宜探索形成省级层面的系统化顶层制度设计。二是挖掘本土化特色优势。增强地方特色化产业的整链发展能力，在突出差异性和特色性，做大做强产业基地规模的同时，要更加注重弥补产后商品化处理、加工、储运和功能拓展、品牌塑造、市场营销等产业链后端的短板。要构建农村集体经济发展与本土特色优势产业联动机制，通过农村集体经济组织整合资源或引进资本，以特色优势产业为基础，发展电商、旅游、科普教育等新产业、新业态。要构建特色优势产业多元低成本扩展的规模经营模式，发展多种形式的适度规模经营，从而提高规模经营的参与性、持续性和受益面。三是撬动多元化主体力量。优化政策支持，全面构建与乡村振兴目标任务相适应的财政政策机制，防止过度行政化的推进导向，尤其是要防止简单的财政投入堆砌打造“盆景型”的试点、示范。撬动社会力量，充分发挥金融机构、农业投资平台、各类投资引导基金在农业投融资等方面的带动作用。激活农村资源，通过农村产权制度改革，盘活农村低效甚至闲置的资金、林地、耕地、农房、宅基地、集体经营性建设用地等资源要素。四是构建协同化推进模式。强化区域协同，加强区域之间的交流与合作，尤其是在基础设施、产业发展等方面协同推进的格局，从竞争关系走向竞争合作关系、共建共赢关系；强化城乡协同，通过城乡资源要素的双向流动实现优势互补；强化部门协同，力避多头政策重复性或者冲突性投入，造成资源浪费和效率损失。五是推进无缝化衔接发展。在打赢脱贫攻坚战的同时，要着眼长远，推进贫困治理与乡村振兴有机衔接，构建高质量、长效性的脱贫增收机制，确保贫困地区和贫困群众与其他区域和人群共享发展成果。要把攻克藏区、彝区深度贫困地区作为防止返贫的重点区域，着力改善深度贫困地区发展条件。要建立稳定脱贫长效机制，坚持精准扶贫和防止返贫有机结合，尤其是要结合乡村振兴战略，加大对临界贫困户、临界贫困地区的支持力度，促进区域均衡发展。六是探索集成化改革创新。凸显问题导向型改革的系统推进机制，在农村产权制度、投融资体制以及支农方式、人才配备、要素流动等方面加强改革创新和政策制定的综合配套。提高分散闲置性资源的统筹利用程度，充分利用宅基地自愿有偿腾退制度、农村产权流转制度等为盘活存量资源提供制度支撑，统筹利用分散性的闲置资源，让“沉睡”的资源变资产。强化改革试点内容的集成性，加强对试点经验的总结和推广，让更多地区共享改革试点成果。

二、实施乡村振兴战略的历史逻辑与现实需求

党的十八大以来，四川省省委、省政府深入贯彻落实习近平总书记关于“三农”工作的重要论述，全面落实党中央各项决策部署，坚持以农业供给侧结构性改革为主线，以擦亮四川省农业大省这块金字招牌、实现农业大省向农业强省转变为目标，全面深化农村改革，农业农村发展取得了历史性成就，发生了历史性变革，为乡村全面振兴奠定了坚实基础。

实施乡村振兴战略是以习近平同志为核心的党中央在深刻把握城乡关系发展趋势、准确研判国家发展阶段现实条件的基础上作出的重大决策。乡村振兴战略的提出，符合工业化进程中城乡、工农关系的演变规律和我国经济发展的阶段特征，具有深刻的历史逻辑和现实需求。

（一）历史逻辑：经济发展中城乡、工农关系演进规律

在资本主义工业革命和城市化的历史进程中，城乡关系一直发生着变化，不同阶段的城乡关系也呈现出不同特征。马克思、恩格斯运用历史唯物主义的分析方法，总结了世界主要国家生产力发展过程中城乡关系发展的历史规律，提出城乡关系的发展可以分为混沌一体、分离对立、融合发展三个阶段。马克思认为，在原始社会时期，生产力落后，社会分工尚未形成，城乡处于混沌一体的状态；随着生产力的发展和农业剩余的出现，手工业和商业逐步从农业中脱离出来，城乡关系进入分离阶段；进入工业

革命时期后，高度分工和协作生产的机器大工业具有显著的效率优势，吸引了包括劳动力在内的各种生产要素、市场需求和财富聚集到城市，推动了城市生产力以几何倍数增长，城乡关系进入城市主导的“中心—边缘”二元对立格局。

进入工业化阶段后，城乡关系依然伴随生产力发展而发生变化。世界主要国家的发展历史证明，工业化初期，在产业效率优势和国家战略导向下，城市工业迅速扩张，通过吸附农村要素资源实现优先发展，并形成回波效应，农业农村发展经历了由去“过密化”带来的加快发展向要素流失带来的停滞转变，城乡间差距开始显现。进入工业化中期后，日益拉大的城乡差距已经成为阻碍经济发展的重要因素：一方面，工业产品供给量持续增加，但农业农村的衰落使乡村消费能力迅速下降，无法支撑工业化对市场扩张的需要；另一方面，农村要素的持续流出削弱了农业生产能力，使经济发展失去了农业根基。在此背景下，经济发展亟须调整发展战略，补齐农业农村短板。

1. 工业化初期：城市工业优先发展，乡村由加快发展走向衰落，城乡呈对立关系

工业化初期，各国普遍面临资本、劳动力要素供给不足问题。为了给工业发展提供要素支撑，许多国家都采取了通过抑制农业发展为工业化提供原始积累的发展战略，因此，乡村承担着以较低价格供给农产品和要素的职能。随着城市工业的发展，其效率优势逐渐显现，集聚效应增强，农村人口大幅度流出成为城市二三产业劳动力，城镇迅速扩张，对农村要素的吸附作用更加明显。如英国的圈地运动。在这一过程中，无论是发达国家还是发展中国家，都经历了大量农村剩余劳动力转移的过程以及城市扩张的过程。这一过程使农村人地关系发生了重要变化，农村劳动力“过密化”问题得到缓解，农业劳动生产效率提高，传统农村社会逐渐瓦解。但是，随着农村要素的持续流出，农业农村开始由效率提高带来的发展转变为要素供给不足引发的全面停滞，城乡间差距开始进入持续扩大的阶段。

2. 工业化中期：城市工业稳定发展，乡村持续衰退，城乡关系发生转折

进入工业化中期阶段后，工业生产效率趋于稳定，城市化进程放缓，但城乡间差距却因乡村的持续衰退而不断扩大。城乡之间的差距成为阻碍经济发展的重要因素，城市工业的发展使工业产品供给量持续增加，但农业农村的衰落使乡村消费能力迅速下降，无法支撑工业化对市场扩张的需要，与此同时，农业要素的持续流出削弱了农业生产能力，国民经济体系发展失去了根基。在这一过程中，如果不能在城乡之间建立有效的要素双向流动通道，为农业农村发展提供必备的资本、技术和专业人才，乡村将进入整体衰退期。从历史发展来看，进入这一阶段后，各国的发展道路开始出现分化：一部分国家通过国家战略的调整推进制度变迁，构建起适应并促进乡村功能转变的城乡关系；一部分国家进入工业化中期阶段后，仍继续发挥自由市场机制的作用，希望通过经济自发调节实现工农城乡关系的转变，但结果往往导致乡村持续凋敝的严重后果，农业竞争力弱、农村衰败、城市贫民增多，国家发展陷入“中等收入陷阱”。

3. 工业化后期：国民经济各部门协调，乡村实现转型升级，城乡融合发展

进入工业化后期，城市与农村两大经济领域间产品和要素流动趋于均衡，城乡工农关系也随之趋于稳定，并进入融合发展阶段。随着农村要素禀赋变化以及工业剩余的不断投入，农业农村实现产业升级、功能转变，与城市形成相互补充、相互促进的平等发展关系。产业融合、产品价值链拓展等生产力层面的进步，持续改变着城市与农村的形态和职能，城乡分工和与此相适应的城乡关系均发生根本性变化，农村不仅仅是农产品生产基地、劳动力“蓄水池”和城市发展的“保险箱”，更承载着生产、生活、生态多元功能，传统的城市发展非农产业、农村发展农业的简单分工以及在此基础上形成的城乡功能差异逐渐模糊，城乡、工农关系进入良性互动

的新阶段。

从世界经济的发展历程可以看出，一个国家在经历“工业优先发展—工业带动农业—工农融合发展”的历史过程中，不能完全依靠市场经济的自发调节。在进入工业化中期阶段后，国家发展思路的转换对于城乡关系的演进极为重要：如果能够准确研判经济发展规律，主动进行战略调整实现城乡关系的转变，那么乡村衰落过程将被抑制，城乡、工农关系将进入相互融合的良性循环；如果不能有效调整发展战略，完全依赖市场自发调节的作用，那么乡村衰落问题将持续下去，农业发展根基将出现不可逆转的损伤，最终工业化进程也将停滞，国家陷入“中等收入陷阱”。世界上成功实现工业化、现代化的国家大多在进入工业化中期后，主动调整国家发展战略，制定农业农村支持保护政策，通过政府宏观调节引导要素流向农业农村，及时扭转乡村衰落趋势，实现城市发展与乡村振兴的良性互动。

改革开放以来，随着我国工业化和城镇化的加速发展并进入工业化中后期，我国城乡关系也发生了巨大变化：一方面，城乡之间的联系交流更为频繁和密切，另一方面，城乡之间的发展差距迅速扩大。面对城乡关系的严重失调，党中央高度重视。21 世纪以来，相继制定并实施了统筹城乡发展、新农村建设、城乡发展一体化和新型城镇化等宏观战略，通过发挥政府“看得见的手”的作用，对农业“多予少取”，推动基础设施和基本公共服务向农村延伸与覆盖，城乡差距开始缩小，城乡二元结构有所松动。然而，无论是统筹城乡发展还是城乡发展一体化，都是以城市为中心的发展模式，其政策着力点主要是以工业反哺农业、以城市统筹乡村，从外部助力“三农”，主要解决的是“城市有而农村无”“城乡差距过大”问题。农村作为各种政策和补贴的接受者，依然处于从属地位，缺乏发展的平等性、自主性和内生性。正如习近平总书记指出的，“城乡二元结构没有根本改变，城乡发展差距不断拉大趋势没有根本扭转。”新时代，我国社会主要矛盾已经转化为人民日益增长的美好生活需要和不平衡不充分的发展之间的矛盾，而农村地区正是我国经济发展最不充分的区域，城乡发展不平衡正是我国最大的发展不平衡。因此，在新时代如何破解城乡发展差距过大问题，依旧是一个重大的历史性课题。

面对我国已迈入工业化、城镇化的关键节点，必须遵循工业化、城镇化推进过程中工农、城乡关系的演变规律，通过发展战略的重大转变对市场进行引导和调控，对城乡关系转变的内在要求作出积极回应。

（二）现实需求：农业农村已经成为国民经济的短板

长期的城市优先发展战略不仅削弱了农业农村持续发展能力，而且对国民经济持续发展和社会整体稳定造成危害。进入新时代后，农业农村已经成为国民经济发展的短板，城乡发展不平衡也成为经济结构中最大的不平衡。在此背景下，中央提出实施乡村振兴战略，其目的不仅是实现我国农业农村现代化的加快发展和工农、城乡关系的全面重构，更是对我国经济发展模式和发展道路的重大调整。具体而言，实施乡村振兴战略的现实需求如下。

1. 应对乡村持续衰落引发农业发展根基被侵蚀的风险

在工业化发展初期，城乡间要素流动对于缓解我国农村劳动力“过密化”问题、奠定城市工业快速发展的基础有重要作用。但是进入工业化中后期阶段，农业农村领域要素的大量外流对我国农业农村发展根基造成严重影响，如果不能在城乡之间建立有效的要素双向流动通道，为农业农村发展提供必备的资本、技术和专业人才，农业农村就会进入迅速衰退期。为防止农村衰败问题的发生，我国持续增强支农惠农力度，支撑了农业农村的快速发展。但是仅依靠财政资金和国家政策性优惠很难支持农业农村的长期持续发展，近年来，“谁来种地”等一系列问题表明农业农村持续发展的根基正遭到侵蚀，必须引起高度重视。

一是要素非农化。土地、劳动力、资金等基本生产要素持续大规模由乡到城单向流动，一方面，粗放的土地城市化虽有所遏制但矛盾仍然突出，耕地大规模减少的矛盾不仅表现在数量上，同时也表现在质量上。高速工业化、城市化推进中所吞噬的肥沃的良田沃土，对农业现实生产能力的损害极为严重。另一方面，农业劳动力特别是素质相对较高的青壮年仍然在源源不断地离乡进城，严重失衡的劳动力流动方式依然未能逆转。此外，当前农村资金总体短缺，金融抑制的矛盾依然尖锐，农民获得金融服务仍然十分困难。

二是劳动力老龄化。受人口外部非均衡流动的影响，我国农村人口老龄化的问题比城市更为突出，未富先老的矛盾十分严重。目前，大多数农村区域实际务农的劳动力平均年龄高达60岁左右，劳动力老龄化矛盾加剧不仅直接带来因供给不足而不断推高农业人工成本的问题，更促使老龄化的农村家庭由多种经营向单一经营转变，为自食而种地引致商品经济向自给经济倒退，导致农业的兼业化和粗放化不断发展，“谁来种地”成为普遍性的突出矛盾。值得关注的是，农村劳动力老龄化进一步抑制了农业劳动力的受教育水平，农业技能培训收效甚微。而自给性的农业生产取向使老龄劳动力缺乏有效技术需求，对采用新技术、新品种持保守态度，“如何种地”同样成为普遍面临的严峻挑战。

三是农村空心化。农村空心化是由于农村人口过度外部流失引起的农村整体经济社会功能综合退化的过程，其典型表现形式是农村人口亟剧减少，农村住房大量空置，农村公共服务有效需求显著降低，乡村社会治理水平同步下降，部分自然村落出现总体性衰败甚至消亡现象。如果从宏观的历史发展层面审视，因农村人口减少造成部分村庄衰落是一个现代化进程中的共同趋势，在很大程度上是我国经济转型发展必然经历的阵痛和必须付出的代价，但合理的制度安排和政策设计，应当是必须力求使阵痛期更短和所付代价更小，假如任由“空心化”无限地恶性扩展，必然产生不利于农业和农村稳定发展的负面影响。短期内农村人口特别是青壮年劳动力的过度流失，将直接导致土地经营粗放化，进而不仅形成农业产业升级的障碍，甚至还会产生向自给性农业的倒退。此外，在人口非均衡流动的背景之下，“空心化”带来的并非单纯只是农民数量减少的问题，而且同时伴随着严重的农村内部社会结构失衡矛盾的加剧。老龄化、妇孺化与空心化相互交织，造成农村普遍面临家庭撕裂、社区邻里互助传统削弱、优秀乡村文明衰减，农村社会结构稳定性遭受破坏，社会治理面临巨大挑战。

四是环境超载化。在工业化推进过程中，农村生产生活方式变化对乡村生态和人居环境的破坏已经成为亟待解决的问题：其一是废弃物的污染，我国农膜的回收率和秸秆还田率都很低，农膜不能降解，直接危害土壤结构，秸秆大规模焚烧则造成严重的大气污染，同时，目前规模化养殖业的快速扩张使农村面临的面源污染比过去任何时候都更为严重，而且治理难度不断加大。其二是生活污染，过去很多农村的生活用水排放后可以自然消解，但生活方式的改变使农村生活垃圾数量激增，其中绝大部分仍未加任何处理，成为导致农村环境恶化的又一重要来源。其三是投入品的污染。我国农业生产过度依赖化肥、农药、农膜的格局总体上仍未扭转，投入量大、利用率低，甚至直接进入水体和土壤，致使农村环境污损矛盾日趋加重。农村生态环境的红灯全面拉亮，不仅在一定程度上危及农民自身的基本生存，而且持续加剧农产品质量安全隐患，这一现实问题已十分严峻。

2. 应对新二元经济结构威胁经济持续稳定发展的风险

近年来，我国的“三农”问题已经得到社会一致认同和高度关注。但同时，城乡二元经济结构正在发生变化，传统的城乡发展差距正转化为新的矛盾和问题，经济发展正面临陷入新的二元结构问题的风险，具体表现如下。

一是农业农村发展过程中区域不均衡的矛盾不断加剧。我国面临着一些地区现代农业加快发展与另一些区域传统的精耕细作农业趋于衰落两种趋势并存的严峻现实，农业产业发展的区域失衡矛盾十分突出。一方面，现代农业发展存在区域不平衡问题。在城市郊区、农业基础生产条件优越和交通相对便捷区域，各种现代农业模式正加速增长，而在偏远的传统农区，农业结构的转型升级不仅没有实质性进展，而且许多区域还存在向自给性生产方式退化的逆向调整特征。另一方面，农村内部存在区域发展不平衡的矛盾。在许多地区，特别是区位条件差和交通不便的偏远农村，伴随人口外流的是乡村全面性的深度衰退，村庄空心化与土地荒芜、粗放经营、产业萎缩在同一区域同时发生，在空间上完全重叠，与相对发达区域新农村建设所实现的深刻变化构成巨大反差。农村内部发展面临双重失衡的严峻现实，尽管具有阶段性发展特征的内在必然性，但当这种失衡超过合理限度而对全局性稳定增长过程构成威胁时，就必然地成为需要及时解决的紧迫性重大问题。

二是需求转型升级与农业发展短期化的矛盾日趋严峻。在城市对农产品安全、品质、品牌等需求转型升级的同时，农业并未出现与之相适应的整体调整态势。对许多地方政府而言，仍然以行政手段求大求快，不仅加剧供需脱节矛盾，而且成为构成助长为追求产业发展短期利益不惜拼资源、拼环境行为广泛存在的重要诱因。对各类生产者而言，由于缺乏有效的约束和监管机制，在利益最大化驱动之下，许多方面短期化行为更是无以复加地恶性发展，即主要依靠化肥、农药增加产量，大量使用膨大素、瘦肉精等增加收入。正因如此，尽管近年来我国现代农业在产业结构优化、生产规模扩大和装备水平提升等重要方面成效显著，但的确不能过度满足于已有的进展，总体上还缺乏稳定的长效化产业发展机制，由此诱发的农产品质量问题和农村环境恶化，无疑是农业短期化行为蔓延酿成的两大恶果，也是当前推进农业供给侧结构性改革和实施乡村振兴战略必须破解的关键性难题。

三是城乡功能变化与乡村虚假性繁荣的矛盾逐渐显现。经济发展进入新阶段后，城与乡的职能分工也发生相应变化，城市发展非农产业、农村发展农业的简单产业分工以及在此基础上形成的城乡功能差异正逐渐模糊，产业融合、产品价值拓展等趋势正改变着城市与农村的形态和职能，农村不仅仅是农产品生产基地和劳动力“蓄水池”，更要具备生产、生活、生态多元功能，这就要求乡村必须能够承载上述功能。在现代农业发展和新农村建设中，各地都付出了巨大努力，取得了突破性进展。但是也有部分地区现代农业和新农村的发展出现了华而不实的虚假性繁荣，有增长之形而无发展之实。在一些地区，为建新村而建新村，脱离现实需求过度强调提高集中度，以较高的建房补贴把部分已外迁农民的有限积累导向于原居住地的农房建设，虽然满足了地方政府打造美丽乡村样板的需要，但其实际居住功能的发挥受到直接影响，有的甚至新村建成之日就是闲置之时，部分全新打造的农民新村也表现出一定的空心化态势。还有部分地区专注于建设形态美观的新村，而缺少配套的产业功能和生活功能，很难积聚人气，导致新的“空心村”问题，虚假性的乡村发展很难满足新型城乡关系对农村功能转变的要求。

在上述现实背景下实施乡村振兴战略，无疑是对我国经济发展模式和发展道路的重大调整，其根本目的就是要解决城乡发展不平衡引发的乡村衰退问题，促进农业农村现代化。

三、实施乡村振兴战略的时代意义与战略内涵

（一）乡村振兴战略的时代意义

实施乡村振兴战略是以习近平同志为核心的党中央在深刻把握我国国情农情，深刻认识我国城乡关系变化特征和现代化建设规律的基础上，着眼于党和国家事业全局，着眼于推进“四化同步”，为决胜全面建成小康社会进而全面实现现代化而作出的重大战略部署。

1. 实施乡村振兴战略是应对社会主要矛盾转化的客观要求

习近平新时代中国特色社会主义思想明确，新时代我国社会主要矛盾是人民日益增长的美好生活需要和不平衡不充分的发展之间的矛盾。近年来，我国农业稳步发展，粮食生产能力稳定达到 1.2 万亿斤，农业现代化取得了重大成就。但是，城乡发展不平衡、农村发展不充分、城乡居民收入差距依然明显，一方面，农业供给相对滞后，中高端农产品、特色农产品供给不足，人民群众对农产品质量安全的要求难以得到满足。另一方面，农业产业体系、生产体系和经营体系不协调，部分地区农业资源生态环境承载力接近极限。在新时代，要完成从全面建成小康社会到基本实现社会主义现代化，再到建成社会主义现代化强国的伟大目标，必须首先解决新的社会主要矛盾，即人民日益增长的美好生活需要和不平衡不充分的发展之间的矛盾，而当前我国社会最大的不平衡是城乡发展不平衡，最大的不

充分是农业农村发展不充分，这就需要农业农村的全面发展。实施乡村振兴战略，通过农业农村发展体制机制的创新，深度挖掘乡村资源，吸引优势要素流向农业农村领域，实现农村经济、政治、文化、社会、生态文明的整体发展，破解制约农业农村现代化的关键难题，实现工农城乡间的均衡发展和社会生产力的充分发展是破解新时代社会主要矛盾的重要内容，对建成富强、民主、文明、和谐、美丽的社会主义现代化强国具有重大战略意义。

2. 实施乡村振兴战略是构建现代新型城乡关系的必然过程

在工业化、城市化加速发展阶段，资源优先流向城市和工业，在要素配置和产品市场上均存在对农业农村不同程度的抑制，导致城乡间呈现较为严重的分割和对立关系，城乡居民收入差距扩大、农村产业发展不充分、基础设施薄弱、社会事业发展滞后、生态环境退化等矛盾不断显现出来。21 世纪以来，中央加大了对农村的扶持力度，党的十七大和十八大也分别提出了城乡统筹和城乡一体化的发展思路，对推动农村发展、增加农民收入起到了重要的作用。但是从发展动力来看，政策重点侧重于城市，使用的政策手段是城市和工业对农村的反哺和扶持，把农村放在了城市的从属地位，使其被动地去接受城市发展的带动和辐射，没有从根本上激发乡村的积极性和主动性。进入社会主义建设的新阶段，经济发展基础条件的变化和社会发展目标的转变客观上要求城乡关系发生变化，由城乡分割向城乡融合转变，形成与新时代生产力发展要求相适应的新型城乡关系。实施乡村振兴战略，就是把乡村放在与城市同等地位，更加注重发挥乡村自身的主动性和内在活力，通过建立健全城乡融合发展的体制机制，实现与城市在发展上的互惠共生、空间上的共融、要素上的双向互动，从而更有效推进城乡平衡发展。党的十九大把乡村振兴战略作为国家发展战略，从根本上改变了乡村从属于城市的现实，要求在城镇化进程中决不能忽视乡村的中心地位和城乡关系的平等地位。因此，实施乡村振兴战略，是解决城乡发展不平衡、促进城乡共同繁荣、构建新型城乡关系的必然过程。

3. 实施乡村振兴战略是推进农村“三生”融合的重要手段

农村生产与生活功能逐渐分割。乡村产业发展的同时，农村人居环境改善缓慢，部分地区甚至出现了人居环境恶化的问题，乡村基础设施和公共服务供给能力不足，大部分乡村宜居性较差，反过来对乡村人才流入、产业发展造成不利影响。在生态环境方面，随着乡村产业发展和居民生活方式的变化，部分地区农村生态环境压力增大，特别是部分产业和人口集聚区，生态环境已经遭到不同程度的破坏，乡村绿色可持续发展面临巨大考验。实现乡村“三生”融合发展，践行“中国要强，农业必须强；中国要富，农民必须富；中国要美，农村必须美”的总体思路，迫切需要实施一项能够全方位涵盖农业生产、农民生活和农村生态治理的战略举措，从根本上改变农业农村发展方式，实现生产、生活、生态“三生”协同发展。通过实施乡村振兴战略，坚定打好“三生”融合发展系列组合拳，建设绿色低碳、高效集约、创业创新的生产空间，宜居舒适、平安健康、幸福和谐的生活空间，天蓝水清、山绿地净、城秀乡美的生态空间，将更加有利于加快形成幸福、美丽、和谐、富裕的新乡村。

4. 实施乡村振兴战略是实现农业农村现代化的核心路径

信息化从根本上改变了城乡的空间结构和功能关系，传统的区域产业发展模式很难植入信息化环境中。现代信息技术的广泛运用极大地拓展了乡村发展的可能路径，使乡村功能从为城市提供产品和要素支撑进入了与城市工业互补融合发展的历史阶段。乡村不仅是生产基地和要素蓄水池，其独特的生态环境和生活方式、作为中华文化重要传承和城市精神归属的文化和文明价值还将不断显现并亟待合理开发，形成与城市互融共生的乡村经济社会生态系统。但是，由于发展基础薄弱，加之城市化进程中对乡村资源的吸附作用，导致乡村发展普遍面临体制机制相对滞后和人才、技术、资本等要素不足的问题，要素匮乏与制度阻碍相互作用，严重制约了我国农业农村的现代化进程。要从根本上破除农业农村发展的阻碍，实现农业农村的全面发展，仅解决某一方面的问题是很难取得成效的，必须通过系统、全面的战略推进，全面提升发展基础、全面破除制度阻碍，以整体性战略设计为农业农村发展提供历史机遇和现实条件。而实施乡村振兴战略正是对农业农村现代化发展迫切要求的科学回应，对于实现我国农业农村现代化具有重大战略意义。

（二）乡村振兴战略的基本内涵

实施乡村振兴战略是以习近平同志为核心的党中央在准确判断我国社会发展历史阶段、深刻认识经济发展客观规律的基础上做出的重大决策部署。乡村振兴战略是工农城乡关系发展到新时期、新阶段的新战略、新部署，其战略内容不仅涉及乡村产业的振兴，而且涉及乡村政治、文化、社会、生态等全方位、全领域、全系统振兴；不是以前“三农”工作的简单翻版，而是在理念、价值取向、战略布局、发展模式上的重大创新；不是解决当前“三农”问题的权宜之计，而是根本长远之策；不是让工业化、城镇化停下脚步，而是改变城市偏向的发展思维，坚持农业农村优先发展，实现城乡融合发展。因此，从战略内涵上看，乡村振兴战略不仅是实现农业农村现代化的战略谋划，也是通过城乡关系、工农关系的重构适应生产力发展的重大历史进程。乡村振兴是与新型城镇化相互配合的重要发展战略，其根本方向是通过农业农村优先发展，建立起与工业化中后期发展阶段相适应的城乡关系，其总体目标和要求是产业兴旺、生态宜居、乡风文明、治理有效、生活富裕，其重要保障是通过政府和市场的相互配合建立健全城乡融合发展体制机制和政策体系。乡村振兴战略的内涵包括如下几个方面。

第一，乡村振兴战略的根本目标是以农业农村优先发展的方式，建设适应工业化中后期经济发展需要的新型城乡关系。乡村振兴战略是新时代我国经济发展总体战略的核心内容，不仅是农业农村发展战略，而且是中国特色社会主义进入新时代后，党中央对国民经济发展思路和发展模式的重大调整，是中国社会经济发展的又一次宏伟变革。乡村振兴战略立足乡村，以农业农村发展为重点，但并不仅仅是乡村发展战略，而是通过乡村发展激发最广阔地区、最大规模群体的发展潜力，通过乡村的自我发展，构建城市经济生活生态圈与乡村经济社会生态圈共同演进，从而摆脱城乡二元经济结构束缚、避免进入中等收入陷阱。因此，必须从国民经济发展战略的角度认识乡村振兴战略，将乡村振兴战略作为探索中国特色社会主义经济发展独特模式的重大战略举措。

第二，乡村振兴战略的总体方向与推进新型城镇化具有内在一致性。乡村振兴战略是尊重城乡人口流动规律、人地关系变化规律基础上的战略举措，而不是忽略工业化发展规律、忽略各地发展实际的孤立战略。乡村振兴战略不是对城市化工业化进程的阻碍，而是中国特色社会主义现代化进程中城乡融合、互相促进的战略思维。乡村振兴战略不仅能实现乡村经济发展、产业优化，而且可以根本改变乡村在国民经济中的地位和社会分工中的职能。同时也要认识到，乡村振兴战略不是让城镇化让位于乡村发展，而是改变城市偏向的发展思维，坚持农业农村优先发展。乡村振兴的根本目的是要为城镇化工业化进程奠定基础，因此，一定要避免各地在推进乡村振兴战略过程中，出现脱离工业化城市化进程而简单地实施乡村建设等问题。特别要注意，农业农村优先发展、实现乡村的振兴，并不是以放慢城市化进程为代价，而是城市化工业化与农业农村现代化互动融合的进一步深化，是以乡村振兴解决城市化过程中出现的各种问题和可能风险，从而实现城市化工业化与农业农村现代化的良性互动。因此，必须明确，乡村振兴战略不是以前“三农”工作的简单翻版和延续，而是前期新农村建设等工作在新时代的整体发展和超越。推进乡村振兴，一定要将战略举措置于中国特色社会主义新时代的大背景下，置于我国城市化工业化发展阶段的客观规律上，置于各地经济社会发展的现实基础上，明确乡村振兴是与工业化城市化战略相辅相成的有机体系。

第三，乡村振兴战略的基本原则是对前期“三农”工作的传承和延伸。

乡村振兴战略不是以前“三农”工作的简单翻版，而是创新性地继承和发展，是中国特色社会主义进入新时代后乡村发展思路和发展模式的整体转变。实施乡村振兴战略，就是要改变我国乡村长期以来依靠要素投入的粗放式发展道路，改变乡村经济、社会、文化等领域发展的不均衡问题。乡村振兴战略是城市带动农村、工业反哺农业发展模式的根本变革。因此，乡村振兴战略内容是多层次、多角度、多领域的，不仅涉及乡村产业的振兴，而且涉及乡村政治、文化、社会、生态等建设的全方位、全领域、全系统振兴。乡村振兴战略不是短期建设项目，而是涵盖社会经济各个领域、涉及国民经济长期持续发展的重大系统战略工程。必须深刻认识到，党中央提出乡村振兴战略不是解决当前“三农”问题的权宜之计，而是国民经济健康持续发展的长远之策，是基于对经济发展客观规律深刻把握基础上提出的长期、战略性任务，而不是短期的局部建设项目，不能大搞形象工程建设。各地在实施乡村振兴战略过程中，要从根本上转变思路，破除思想认识上的局限和狭隘，主动改变工作方式，不能采用短期项目建设方式进行，改变以“争取资金、打造样板、应对考核”为思路的工作方式，改变传统的项目规划方式、资金投入方式、工作推进方式和评价考核方式，着眼长远，系统思考，整体布局，分步骤、有计划地渐次推进（表1）。

表1　社会主义新农村建设与乡村振兴战略的比较

社会主义新农村建设	实施乡村振兴战略	比较表述
生产发展	产业兴旺	发展是解决我国一切问题的基础和关键，由“发展”到“兴旺”，体现层次和要求上的升级
村容整洁	生态宜居	静态升级到动态，强调农村生态文明建设：一是村庄面貌干净整洁单项拓展到整个生态环境；二是注重人的获得感，达到“宜居”
生活宽裕	生活富裕	城乡居民收入差距进一步缩小，农民有持续稳定收入来源，经济宽裕、衣食无忧、生活便利、共同富裕
管理民主	治理有效	管理到治理，民主是要求，有效是结果，体现从重程序到强调重结果，加强创新新农村社会治理，农村更加和谐、安定有序
乡风文明	乡风文明	乡风文明建设是精神文明建设范畴，是一个长期过程，必须坚持和完善发展

注：廖彩荣，陈美球．乡村振兴战略的理论逻辑、科学内涵与实现路径［J］．农林经济管理学报，2017（6）：195-802.

第四，乡村振兴战略的核心内容是乡村经济、政治、社会、文化、生态的全面振兴。乡村振兴战略既是对长期以来我国“三农”问题的再思考、再认识、再探索，又是站在新时代历史起点上对我国“三农”问题的再出发、再部署、再推进。其战略内容不仅包括农业经济建设，还包括农村政治建设、文化建设、社会建设、生态文明建设等多方面。因此，中央提出了“产业兴旺、生态宜居、乡风文明、治理有效、生活富裕”，作为新时代乡村振兴丰富内容的系统概括，这是“五位一体”总体布局在农业农村领域的具体体现。与党的十六届五中全会提出的新农村建设的总要求“生产发展、生活宽裕、村容整洁、管理民主、乡风文明”相比，从生产发展到产业兴旺、从生活宽裕到生活富裕、从村容整洁到生态宜居、从管理民主到治理有效，内涵更丰富、部署更明确、层次和要求更高，是新农村建设的升级版、宏观版，体现了时代的历史进步和对群众更高期待的回应。

（三）乡村振兴战略的主要特征

作为一项关乎中国农业农村发展前景和国民经济发展方向的重大战略，乡村振兴战略具有显著的系统性、长期性、融合性和差异性特征。

1. 乡村振兴战略具有系统性

乡村振兴战略是针对乡村全面发展和城乡关系重构提出的总体规划，是农业农村发展全领域的总体部署和建设中国特色社会主义现代化经济体系的重要战略，具有显著的系统性特征。在战略目标上，乡村振兴战略不仅要实现乡村产业之间、经济与环境之间、生产与生活之间的融合，还要实现城镇化工业化发展目标与农业农村现代化发展目标的系统融合，是多元目标的系统集成；在战略内容上，乡村振兴战略要求注重对前期改革内容的应用，注重乡村振兴战略内容与产权制度改革、治理体制改革、规划制度改革等的有效衔接和体系融合。

2. 乡村振兴战略具有长期性

乡村振兴战略包含了农业农村各个领域的发展内容，对新时代我国城乡关系乃至社会整体经济关系的变化具有深远影响。乡村振兴战略的目标是实现农业农村全面可持续发展，实现城乡关系的优化，最终完成建设现代化经济体系的总体目标。因此，实施乡村振兴战略要秉持长期发展理念，避免急功近利、揠苗助长的短期化行为，从城乡关系新阶段客观需要、现代农业农村发展方向和特征等角度提出新的发展理念，创新发展模式。

3. 乡村振兴战略具有融合性

乡村振兴战略不是就农村谈农村、就农业谈农业，而是城市与乡村、农业与非农业实现共同发展的战略，因此，乡村振兴战略具有较强的融合性特征：一方面是战略主体的融合。实施乡村振兴战略，就是要在优化政府主体职能的同时，积极发挥市场作用，让政府、农民、各类新型经营主体、社会组织等均成为乡村振兴的主体，让市场机制与政府行政职能有机结合起来，形成政府引导和推动下的多元主体共同参与实施乡村振兴的格局。另一方面是发展动力的融合。长期以来，许多地区乡村建设和城乡统筹发展重要动力在于获得农村要素红利，甚至就是获得农村土地指标和要素差价。从可持续发展角度看，依赖土地增值收益所推动的乡村发展是不可持续的，农村的持续发展迫切需要内在动能的转变，由获取土地收益向更加多元、更加可持续的动能转变。乡村振兴战略的提出，就是要从根本上将农业农村发展动力由外源性投入向多渠道共同投入转变，构建多元主体能够共同发力的新的动力机制。

4. 乡村振兴战略具有差异性

我国沿海与内地、平原与山区、城市近郊与远郊之间均存在较大差异，地区发展不均衡、农业农村发展基础差异较大的客观事实决定了乡村振兴战略没有统一模式，需要根据不同区域现实条件和农业农村基础探索多样化和特色化的振兴之路。在乡村振兴战略实施过程中，需要充分考虑不同地区发展阶段、区位条件、要素禀赋等，针对不同类型、不同区域、不同村庄的特点，科学编制和实施符合区域实际的乡村振兴战略规划，让各地探索形成各具特色的乡村振兴道路。

(四) 实施乡村振兴战略需厘清若干关系

乡村振兴是具有系统性、长期性和融合性的重大战略，必须立足我国当前进入新时代的宏观形势变化，准确判识现阶段基本矛盾的新特征，深入把握城乡关系演变发展的内在规律，客观认识实施乡村振兴战略过程中影响全局的若干重要关系。

1. 厘清城市与乡村的关系

乡村振兴战略要尊重城乡人口流动规律，不是放慢或者停止城市化进程，也不是城市对乡村主体地位的剥夺，而是真正把乡村放在与城市同等地位，更加注重发挥乡村自身的主动性和内在活力。必须坚定不移地继续推进新型工业化、新型城镇化和农业转移人口市民化，才能为乡村振兴提供带动辐射能力、为农业劳动生产率的提高腾出更多的发展空间。在此过程中，又必须更加注重发挥工农互促、城乡互补的作用，吸引城市的资本、技术和人才等要素流向农村，促进城乡全面融合、共同繁荣。

2. 厘清政府与市场的关系

实施乡村振兴战略要更加注重发挥政府在规划、协调、战略引导和政策等方面的主导作用，这些方面单纯依靠市场调节是滞后的、失灵的，政府具有不可替代的作用。但是，政府的作用是有边界的，不是无所不能的。政府不能凭借所掌控资源的优势和垄断权力通过层层下达行政命令的方式强行推进乡村振兴，也不能以损害乡村发展中的市场机制和要素配置市场化为代价来推进乡村振兴。如果把乡村振兴变成了政府不顾效率、强力推动的行政行为，那么一时轰轰烈烈的乡村振兴带来的只是长远的后遗症。必须明确：在实施乡村振兴战略中市场的动力是基础性和决定性的，只有通过市场机制的完善，充分发挥市场在资源配置中的决定性作用，真正激发主体、激活要素，才能调动各方在乡村振兴过程中的积极性、主动性和创造性，凝聚起全社会支持乡村振兴的强大合力。要矫正长期以来政府对农业农村的过度干预倾向，减少对微观经营主体的决策干预，突破行政主导农村事务的惯性思维，给予市场主体自主决策的权利和理性选择的环境，让市场筛选真正具备自我发展能力的农村经济主体。

3. 厘清发展与保护的关系

随着乡村振兴战略的全面实施，在政府的倡导和政策的支持下，必然会吸引和集聚多方力量、各种主体、多元化资本进入乡村进行开发建设，这将使乡村多功能和资源的开发强度不可避免的提高，从而构成对资源环境和历史文化保护的较大压力。如果引导不力、管理不善、监督不到位，在经济主体趋利因素的作用下，必然会给乡村的生态环境和历史文化保护带来巨大影响。必须明确：实施乡村振兴战略不是不顾资源环境承载力的“掠夺式大开发”，不是不顾乡村历史文化保护、以城市文明代替乡村文明的“无根开发”，而是以保护乡村资源环境和农耕文化为前提，实现资源的持续利用、生态友好、农耕文化得到有效传承基础上的有序振兴。因此，在实施乡村振兴战略中，必须树立保护环境、保护生态、保护文化的第一思想，防止各种利益主体对资源掠夺式开发而产生的生态环境问题，防止简单化地以城市文明替代乡村文明。

4. 厘清当前与长远的关系

未来乡村的人口结构和经济社会结构以及乡村的功能、形态、地位和作用都在发生动态变化。如果不能充分考虑和科学预测到这种变化，只顾当前和短期见效，那么所花费的大量投入若干年后就可能成为巨大的浪费。

实施乡村振兴战略是一项长期的历史性任务，不能只顾及当前和短期见效，而要在乡村人口和经济社会结构变化中寻求乡村振兴的长远思路和根本路径。由于乡村振兴涉及面广、投资量大、影响深远，在实践中不宜过于机械地设立推进速度指标，切忌超越发展阶段的乡村振兴“大跃进”，要尊重经济社会发展规律，在产业发展、村庄建设等方面循序渐进，从容推进，注重质量，对于尚未明确或条件不成熟的建设项目可以合理预留空间，待条件成熟后再继续建设。

5. 厘清继承与深化的关系

实施乡村振兴战略是做好“三农”工作的总抓手，不是对以前“三农”工作和原有的规划、制度、政策和推进措施的简单否定，而是在继承中创新发展。在实施乡村振兴战略中切忌对原有行之有效的规划、制度、政策和措施进行完全推倒重来，标新立异另搞一套，这样只会带来不断折腾、浪费人财物的结果。正确的态度是认真总结原有规划、制度、政策和措施的有效性和不足，该继续坚持的就坚定不移地坚持，该深化完善的就按照乡村振兴的要求给予深化完善。在乡村振兴战略实施过程中，关键是要推进发展理念和发展范式的转变，主动改变以争取资金、打造样板、应对考核的工作方式，改变传统的项目规划方式、资金投入方式、工作推进方式和评价考核方式，着眼长远，系统思考，整体布局，分步骤、有计划地渐次推进。

6. 厘清试点与推广的关系

毫无疑问，实施乡村振兴战略需要开展乡村振兴试点，但在试点选择时不能只选择容易振兴的乡村或者已经发展得很好再锦上添花的乡村，而是要注重选择衰退现象比较突出的乡村或深度贫困地区进行试验；试点不是选择同一区域、同一类型的乡村进行试验，而是需要根据省内不同地区乡村的自然条件、资源禀赋和发展基础，针对不同区域、不同类型、不同村庄的特征开展试点试验。同时，乡村振兴试点不是动用所有的行政力量和资源要素在一个点上进行堆积，人为地造出一个没有复制性的盆景式样板，而是要注重通过鼓励改革创新激发内生活力的创新试验，使得试验成果能够在相似地区具有复制性和可推广性。另外，乡村振兴试点不能长期停留在试点上，而是要把试点的经验成果及时推广辐射到更大的范围，通过以点带面，有序打造具有地区特色的美丽宜居乡村，探索符合地区实际情况的乡村振兴之路。

四、四川省实施乡村振兴战略的现实基础与客观需求

四川省自然条件优越，农耕文化历史悠久，是我国传统农业大省和西南地区粮食主产区，自古就有“川粮安天下”的说法。党的十八大以来，省委、省政府牢记习近平总书记嘱托，坚持把“三农”工作作为重中之重，不断加大强农惠农富农力度，全面深化农村改革，农业农村发展取得了历史性成就，发生了历史性变革，为乡村全面振兴奠定了坚实基础。

（一）四川省实施乡村振兴战略的现实基础

1. 农业综合产能显著增强，现代农业体系逐步健全

四川省农业经济运行总体呈现平稳发展态势，全省农林牧渔业增加值从2015年的 3 745.3 亿元增至2018年的 4 543.6 亿元，位居全国第二位，仅次于山东省。全省粮食稳定在600亿斤以上，2018年粮食总产量 3 493.7 万吨，实现连续4年增产；油料作物实现面积和产量双增长，油菜籽总产量稳居全国第一位；蔬菜、水果、肉类、水产品等主要农产品产量均位居全国前列，生猪生产继续保持全国第一大省地位。农业物质技术装备条件得到极大改善，全省农业机械总动力 4 658.7 万千瓦，农作物耕种收综合机械化率超过了59%，农业机械服务范围涵盖了农业生产、加工、流通等全产业链环节。四川省农产品质量品牌建设实现新突破，优质绿色农产品比重持续增加，“川

字号”农产品品牌在全国影响力与日俱增。截至2018年年末，全省累计培育“三品一标”农产品 5 320个，其中，农产品地理标志数量位居全国第二，绿色食品产品数量位居全国前列，省部级农产品质量安全例行监测总体合格率99%以上。

2. 农村基础条件大幅改善，宜居乡村建设持续推进

农村生产生活条件持续改善，城乡基础设施和公共服务差距持续缩小。截至2018年，全省累计建成高标准农田 3 393万亩，占耕地面积1/3，其中，“三网”配套的高标准农田 1 320万亩，占38. 9%。累计建成农田水利工程132万余处，形成蓄引提水能力314. 3亿立方米，有效灌溉面积达292. 6万公顷，相比2015年增长了6. 98%。全省累计新改建农村公路14. 97万千米，乡镇和建制村通硬化率分别达到98%和93%，基本实现乡乡通油路、村村硬化路。实施垃圾、污水、厕所“三大革命”，加强农村生活垃圾治理能力，开展农村黑臭水体治理，大力推进农村户用无害化卫生厕所改建和农村公共厕所建设，累计改造厕所 1 203. 8万户，农村户用无害化卫生厕所普及率达59. 8%。农村教育、卫生、文化以及社会保障均有较长足进步，村文化活动室数量占行政村总数的82. 28%，新型农村合作医疗制度参合率达99. 69%。在绵阳、眉山、金堂、剑阁等22个试点县（市、区）开展农村养老服务体系建设试点工作，乡村养老服务能力显著提升。“美丽四川 · 宜居乡村”建设全面推进，截至2018年年末，全省累计建成幸福美丽新村 29 925个，占全省行政村总数的65%。

3. 脱贫攻坚取得显著成效，贫困群体生计来源稳定

四川省是全国扶贫开发攻坚任务最为繁重的6个省份之一，为实现贫困地区同步全面小康目标，四川省举全省之力聚焦脱贫对象和深度贫困地区精准发力。党的十八大以来，四川省启动实施“四大片区扶贫攻坚行动”，着力抓好“五大扶贫工程”，促使全省农村贫困人口从2012年年底的724万人减少至2018年年底的67万人，贫困村从 11 051个减至 1 782个，

全省贫困发生率从10.3%降至1.1%，全省88个贫困县中有30个县成功摘帽，精准扶贫、精准脱贫成效显著，脱贫攻坚进入了战略攻坚期。在脱贫攻坚实践中，四川省各地基于现实条件创造了生态扶贫、旅游扶贫、电商扶贫、金融扶贫、资产收益扶贫和产权改革扶贫等多元化脱贫模式，为全国其他地区精准脱贫提供了可复制和推广的模式（表2）。

表2 2012—2018年四川省农村贫困人口变化情况

年份	贫困人口		贫困发生率	
	数量（万人）	同比减少（万人）	百分比（%）	同比下降（百分点）
2012年	724	188	10.3	2.7
2013年	602	122	8.6	1.7
2014年	509	93	7.3	1.3
2015年	400	109	5.7	1.6
2016年	306	94	4.4	1.3
2017年	171	135	2.7	1.7
2018年	67	104	1.1	1.6

数据来源：四川蓝皮书·四川省农业农村发展报告（2019）。

4. 乡村产业多元融合提速，新业态新模式大量涌现

在农业供给侧结构性改革推动下，四川省乡村产业融合发展速度显著加快，新业态、新产品不断涌现，农业“新六产”框架布局基本形成。全省各地基于地方自然景观、特色产业、地域文化、生态环境和经济水平，实行差异化产业融合策略，推动形成了乡村民宿、休闲农庄、观光农业园区、康养基地等形式多样、功能多元、特色各异的产品类型和发展模式，乡村产业从单一生产功能朝着休闲、旅游、养生、教育、文化等多功能一体化转变。2018年，四川省休闲农业和乡村旅游综合经营性收入达1 500亿元，接待游客3亿人次，休闲农业规模效益继续领跑全国。农村电子商务呈现蓬勃发展势头，“互联网+农业”推动现代农业快速转型升级。截至2018年年底，四川省已建成国家级电子商务进村综合示范县37个、省级示

范县 51 个，全省农村电子商务交易额年均增速 30%以上，在推动农民创业就业、开拓农村消费市场、带动农村扶贫开发等方面成效显著。

5. 农村居民收入稳定增长，城乡收入进入缩小轨道

四川省通过积极拓展农民工就业渠道、促进乡村就地就业、提升农民财产性收入等一系列举措，让农民获得了多元、稳定的收入来源。2018 年，四川省农村居民人均可支配收入达到 13 331 元，比 2013 年增长 59.06%，农民收入增速持续高于城镇居民以及全国平均水平，城乡居民收入比从 2013 年的 2.65∶1 缩小到 2.49∶1（图 1）。农村居民收入的稳定增长，带动消费能力显著提升，尤其在医疗健康、教育文化、信息通信等方面的消费支出快速增长，农村居民恩格尔系数从 2013 年的 43.5%降至 2018 年的 35.2%。

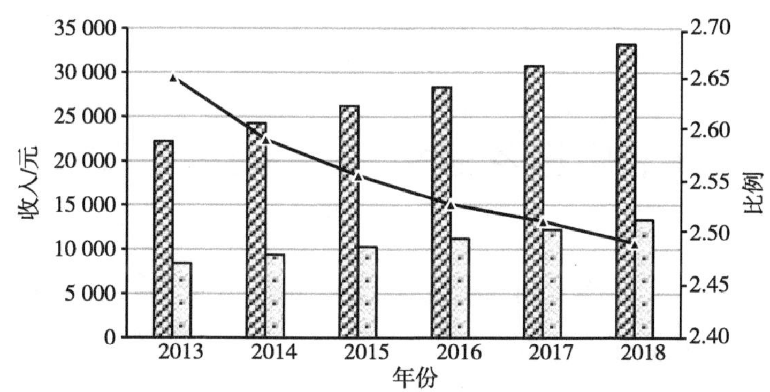

图 1　2013—2018 年四川省城乡居民可支配收入及收入比变动情况

注：根据《四川省国民经济和社会发展统计公报》数据整理绘制。

6. 农村各项改革深入推进，要素流动性进一步增强

农村各项改革积极稳妥推进，农村资源要素不断被盘活。农村基本经营制度进一步巩固完善，基本完成农村土地承包经营权确权登记颁证。到 2018 年年底，四川省家庭承包耕地流转面积达 2 293.73 万亩，农村承包

地流转比例达 39. 5%。大力推广经营权流转、土地股份合作、代耕代种等方式，发展多种形式农业适度规模经营。持续推进农村集体产权制度改革，实现全省全覆盖，4. 3 万个村完成清产核资。通过拓展农村“两权”抵押贷款试点范围，拓宽农村贷款抵押资产范围，一定程度上缓解了农业经营主体贷款难问题。供销合作社综合改革扎实推进，县级社和乡镇基层社覆盖率分别达到 90%和 60%以上，为农服务能力显著提升。深入推进农业保险“增品、提标、扩面”，不断开发满足农户需求的保险产品；大力支持地方特色农险产品的推出，扶持地方农业经济发展；持续扩大已有农险产品保险覆盖面和保障程度。农村资源要素流动性逐渐增强，资本、技术、人才等资源要素逐渐向农村汇聚，各类农业新型经营主体蓬勃发展，截至 2018 年年末，全省农业产业化龙头企业 4 221 家，专业大户及家庭农场 14. 34 万家，农民合作社 9. 96 万家，农村创新创业和投资兴业蔚然成风。

（二）四川省实施乡村振兴战略的客观需求

对四川省而言，实施乡村振兴战略是巩固并运用前期农业农村发展成果的客观要求，更是实现从农业大省向农业强省跨越的必然过程。

1. 实施乡村振兴战略是实现四川省可持续脱贫的客观需求

四川省是全国脱贫攻坚任务最重的省份之一，全省大部分贫困人口为老、弱、病、残人口，自我发展能力普遍较差，且多生活在自然条件恶劣、条件艰苦的民族地区和边远山区，脱贫成本更高、脱贫难度更大，必须付出超常努力，采取超常举措。虽然全省脱贫攻坚取得了重大胜利，但巩固脱贫成果、防止已经摘帽的贫困县、贫困村、贫困户重返贫困的任务依然十分艰巨，与继续脱贫攻坚同等重要，亟须增强贫困地区的“造血”功能。实施乡村振兴战略，在继续精准到户基础上加快深度贫困地区区域整体发展，加大政策、资金、项目等倾斜力度，引导资源要素大规模流向农村贫困地区，并通过市场机制和改革创新活化农村资源，激活农村要素，才能更大力度调动农民主体活力，激发贫困人口脱贫的内生动力，从根本上帮助农民摆脱贫困，形成可持续发展的农户生计。

2. 实施乡村振兴战略是促进四川省绿色发展的客观需求

绿色发展不仅体现了人民对美好生活的向往，更是建设美丽四川的重要选择。在快速工业化和城镇化的过程中，农村土地被城镇建设侵占，农村环境受到工业污染，农村生态受到破坏。同时，长期的城乡二元结构使农村地区得不到重视，农村地区不合理的开发利用导致许多地区土壤退化、水土流失现象明显，农村环境问题突出，阻碍了四川省新农村建设提档升级和美丽四川建设的步伐。乡村振兴战略涵盖了农业生产、农民生活和农村生态治理的目标要求，突出特点就是坚持把生态和人居环境摆在重要位置，强调经济发展和环境友好协同推进，通过形成乡村绿色生产方式和生活方式，建设绿色低碳、高效集约、创业创新的生产空间，宜居舒适、平安健康、幸福和谐的生活空间，天蓝水清、山绿地净、城秀乡美的生态空间，因而是推进全省“三生”融合的绿色发展之路。

3. 实施乡村振兴战略是推进四川省城乡融合的客观需求

虽然我国的城乡关系已经进入融合发展阶段，但实践中重城市、轻乡村的格局没有从根本上得到改变，依然存在城市统筹农村、城乡地位不平等的现象。四川省城乡差距较大，城乡融合度较低。实施乡村振兴战略，就是要真正把乡村放在与城市同等甚至优先地位，打破城乡明显的地域界线，使城乡双方相互吸收彼此的优点，推进城乡等值化发展，实现城乡之间在发展上的互惠共享、空间上的共生共融、要素上的双向互动、关系上的平等互利，为城乡同发展共繁荣奠定坚实基础。

4. 实施乡村振兴战略是提升四川省农业竞争力的客观需求

相较全国而言，四川省农业竞争力不强、产业现代化程度不足的问题较为严重。要全面提升农业竞争力，必须以乡村振兴战略为载体，真正实现优先发展农业农村，加快农业农村现代化，全方位增加农民收入，提高农业贡献率，才能快速、稳步提高四川省农业农村在全国的总体排位，实现从农业大省向农业强省的历史性跨越。

五、四川省推动乡村振兴的对标分析

尽管四川省农业农村发展取得巨大成就，但经济社会发展中最明显的短板仍在“三农”，全省现代化建设中最薄弱的环节仍是农业农村。针对农业农村发展中的薄弱环节和突出短板，亟须统筹谋划、协同推进、聚焦聚力、实现突破。

（一）四川省乡村发展现状的对标检视

从开启全面建设现代化新征程的视角看，乡村振兴评价指标带有“三个现代化”的内在要求和目标导向。其中，“产业兴旺”和“生活富裕”是实现经济现代化；“生活富裕”和“生态宜居”是实现社会现代化；“乡风文明”和“治理有效”是实现人的素质现代化。

据此，对接国家《乡村振兴战略规划（2018—2022 年）》，同时依托四川、江苏、浙江、湖南和云南 5 省份已印发实施的省级乡村振兴战略规划文本为对标依据。围绕乡村振兴战略提出的产业兴旺、生态宜居、乡风文明、治理有效、生活富裕这 5 个维度 22 项具体指标，对标四川省与其他 4 省乡村发展现状，以先进典型为榜样，检视自身差距与不足，切实找准乡村振兴战略的着力点（表 3）。

鉴于不同统计指标之间的度量单位不一致，因此对不同基础指标进行标准化处理，并采用 TOPSIS 决策分析法对 5 省份乡村振兴发展水平进行综合测评。如图 2 所示，产业兴旺维度，四川明显滞后于江苏、浙江和

表 3　乡村振兴战略规划主要基期指标的省际比较

	主要指标	四川（2016 年）	江苏（2017 年）	浙江（2017 年）	湖南（2016 年）	云南（2016 年）
产业兴旺	粮食综合生产能力（万吨）	3 488.9	3 539.83	580.14	3 052.3	1 815.1
	农业科技进步贡献率（%）	59	67	63	57	56
	农业劳动生产率（万元/人）	3.88	6.01	6.47	3.1	3.1
	农产品加工值与农业总产值比（%）	1.9	2.99	3.2	2.2	1.05
	休闲农业和乡村旅游接待人次（亿）	3.5	4.37	3.2	3.07	1.34
生态宜居	畜禽粪污综合利用率（%）	60	68	88	60	70
	村庄绿化覆盖率（%）	—	27	27	20	20
	对生活垃圾进行处理的村占比（%）	89.5	90	95	72.1	50
	农村卫生厕所普及率（%）	83.4	92	98.6	82.6	72.02
乡风文明	村综合性文化服务中心覆盖率（%）	82.3	47.95	—	30	83.8
	县级及以上文明村和乡镇占比（%）	22.4	39.9	59.73	21.2	43.2
	农村义务教育学校专任教师本科以上学历比例（%）	47.6	75	81.64	55.9	46.3
	农村居民教育文化娱乐支出占比（%）	6.9	9.29	8.8	10.6	12.5
治理有效	村庄规划管理覆盖率（%）	—	90		24	70
	建有综合服务站的村占比（%）	13.3	100		14.3	40
	村党组书记兼任村委会主任的村占比（%）	2.1	20	6.5	11.1	28
	有村规民约的村占比（%）	100	100	100	98	100
	集体经济强村比重（%）		33	15	5.3	5.3
生活富裕	农村居民恩格尔系数（%）	38.1	29.5	31	32.2	35.3
	城乡居民收入比	2.53	2.28	2.05	2.72	3.17
	农村自来水普及率（%）	67	98	99	76.6	78
	具备条件的建制村道路硬化率（%）	92	100	100	99.9	88

注：指标体系及数据来源于相关省份《乡村振兴战略规划（2018—2022 年）》。尽管 5 省规划文本中的基期值存在略微差距，但不影响本节分析测评结果的比较。

湖南；生态宜居维度，四川与浙江、江苏两省存在较大差距，但优于湖南和云南；乡风文明和治理有效维度，四川仅仅相对优于湖南省；生活富裕维度，四川省远远滞后于江苏、浙江两省，略优于云南省。不难看出，产业兴旺、生态宜居、乡风文明、治理有效和生活富裕这5个维度现状值最优的均是江苏和浙江两省。5个省份乡村振兴现状综合测评值为：江苏省0.801、浙江省0.771、湖南省0.381、四川省0.344和云南省0.330，表明四川省乡村发展与东部沿海省份相比，依然存在较显著差异，除了生态宜居，产业兴旺、乡风文明、治理有效和生活富裕这四个维度的差距均十分突出。

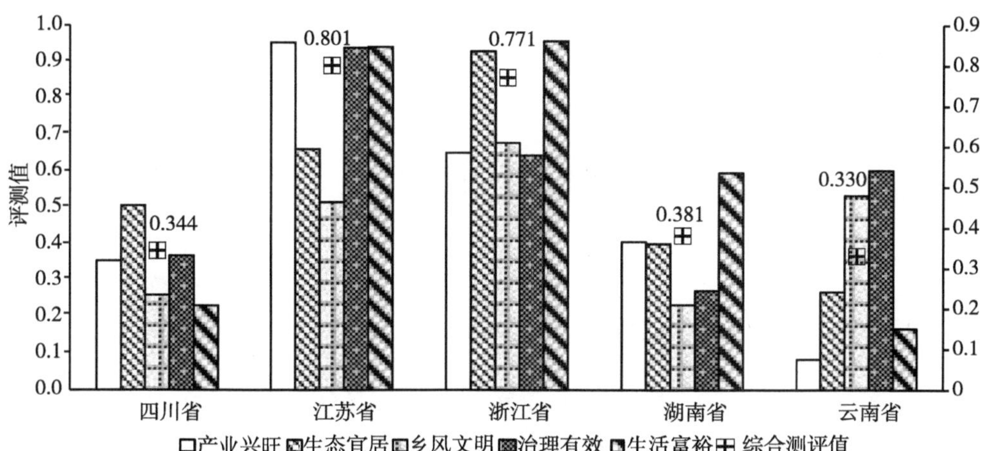

图2　四川省与部分省份乡村振兴分维度发展指数得分比较

对标具体指标，就产业兴旺发展指数而言，四川省在农业科技进步贡献率、农业劳动生产率和农产品加工效益方面均处于落后位置，表明农业质效化是制约四川省产业兴旺的重要短板。就生态宜居发展指数而言，四川省在畜禽粪污综合利用率、四川省集体经济强村比例的相关数据缺失，无法证实以上论述等方面较为滞后，但在农村卫生厕所普及、生活垃圾处理等方面发展较好，可在以后发展中实现进一步优化提升。就乡风文明发展指数而言，农村专任教师受教育程度、文明村和乡镇占比、农民教育文化娱乐支出占比等指标处于相对落后状态，而村综合性文化服务中心覆盖率处于领先位置，表明四川省在农村文化建设方面取得一定成绩，但整体上仍待加强。就治理有效发展指数而言，四川省得分较低，特别在村党组书记兼任村委会主任比例，四川省村庄集体经济强村的相关数据缺失，无法证实以上论述、建有综合服务站的村占比等方面明显落后，亟须引起高度重视。就生活富裕发展指数而言，四川省农民恩格尔系数明显偏高、农村自来水普及率明显偏低、城乡居民收入差距依然较大，与江浙地区差距尤为明显。

不难看出，四川省与浙江省、江苏省等沿海发达地区在推动乡村振兴战略的现实基础上仍存在较大差距，四川省须深入学习借鉴浙江省、江苏省乡村发展经验做法，对标先进、问计取经、拓宽思路，扎实推进农业农村全面振兴发展。

（二）发达地区乡村振兴值得借鉴的做法：以江浙为例

1. 坚持因地制宜发展

（1）突出差异化发展，注重区域性　2019 年中央一号文件发布以来，各地结合本地实情和特色，积极制定乡村振兴战略实施意见，因地制宜地推进乡村振兴战略实施。江苏省乡村振兴战略推行过程中，综合考虑苏南、苏中、苏北区域发展差异性，重点聚焦不同地区农民反映最强烈的农田建设、村庄垃圾整治、提供清洁自来水、改善道路、改善住房、改善基本公共服务等问题，因地制宜地设置乡村振兴监测评价指标体系，增强政策支持力度，做到整体把控，促进区域间均衡发展（表 4）。

表 4　苏南、苏中及苏北地区乡村发展模式的区域性选择

地区	乡村建设模式	农业发展模式	示范模式选择
苏南	村庄基础较好的情况下，注重文化建设与乡风民俗传播，焕发村庄活力	积极开拓农业多功能性，提升特色产业支撑力，探索新型“农业+”模式	特色田园乡村、田园综合体、休闲观光农业示范村
苏中	解决居民安定问题，充分借鉴苏南村落社区化打造模式	强调农业综合开发利用，在原有现代农业基础上，积极进行农业产业融合	农业特色小镇、休闲观光农业示范村

（续表）

地区	乡村建设模式	农业发展模式	示范模式选择
苏北	积极完善村庄整治、保障基础设施与公共服务建设，优化生产生活空间	推进农业规模化生产，保障基础农业效益基础上，适当延伸农业产业链和价值链	主题创意农园、农业特色小镇

相比于江苏省，浙江省山地多人口多，农业区域协同发展存在较大难度，但浙江省始终秉持“一盘整棋”的思路，以高质量、均衡性为目标，因地制宜地推进乡村振兴战略的实施。在产业发展方面，浙江省根据多样的地貌类别、产业基础和交通条件，在各地培育和打造独具特色的农业产业基地和示范园区，形成了“一县一特色、一村一特点、一路一风景”百花齐放的格局。近年来，浙江省各地深挖本地资源、尊重地方特色，深入推进“一村一品”战略，培育富有地方特色的支柱产业，促使区域间商品经济特色差异明显，农民增收能力不断增强，也助推浙江省成为全国城乡居民收入倍差最小的省份（图 3）。

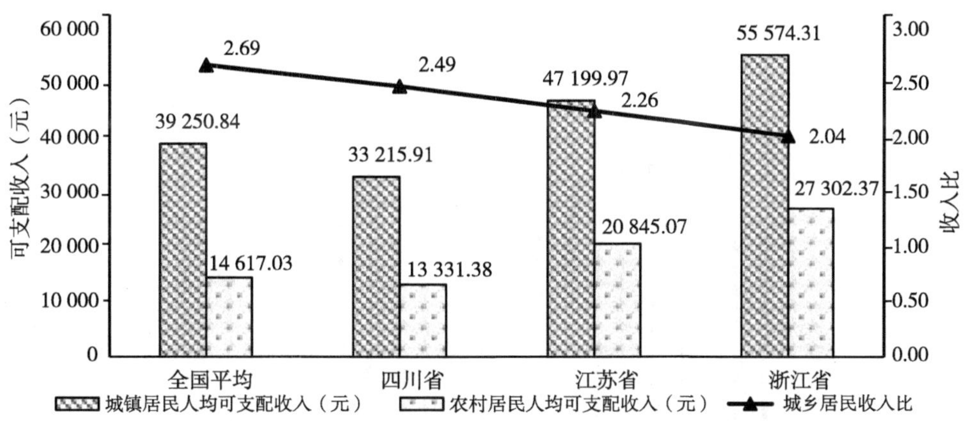

图 3　2018 年省际之间城乡居民可支配收入及其倍差比较

（2）彰显优势与特色，避免同质化　发展特色优势产业和农产品是各地共同抓手，江浙两省独具特色的“产业特色小镇”打造模式，促使特色小镇成为新型城镇化和乡村振兴的重要结合点，有效避免了乡村产业同质化发展，成为全国各地引领产业园区和乡镇经济特色化发展的样板和标杆。从全国第一批、第二批特色小城镇省市分布情况来看（图4），主要以沿海省市居多，其中，浙江省、江苏省分布数量最多，分别达23个和22个。在特色小镇创建过程中，江浙两省定位“特而强”和“小而精”，立足自身城镇化发展阶段和资源禀赋，聚焦特色优势产业，聚集高端发展要素，促进产业链、人才链、资本链和创新链在空间上的紧密耦合，并着力凸显地域风情和民俗文化，摆脱单纯以旅游为主的发展模式，促使特色小镇成为对接外接资源和实现农业工业化的前沿阵地。这些特色小镇在细分产业内掌握领先和前沿技术，可引领行业发展，例如无锡鸿山物联网小镇、常州智能传感小镇、西湖云栖小镇等；有适应供给侧结构性改革，满足新型消费需求，形成新业态和新模式，例如丹阳眼镜风尚小镇、海门足球小镇等；具悠久历史底蕴，引入现代元素实现传统产业升级的，例如东海水晶小镇、龙泉青瓷小镇、栖霞山非遗文创小镇等，均彰显出鲜明的产业特色与竞争优势。与此同时，江浙特色小镇建设模式也申明了其他省（市）或地区借鉴这一发展模式时，不能单纯模仿，而是要根据自身经济社会结构与文化传统整合、创新和再造。

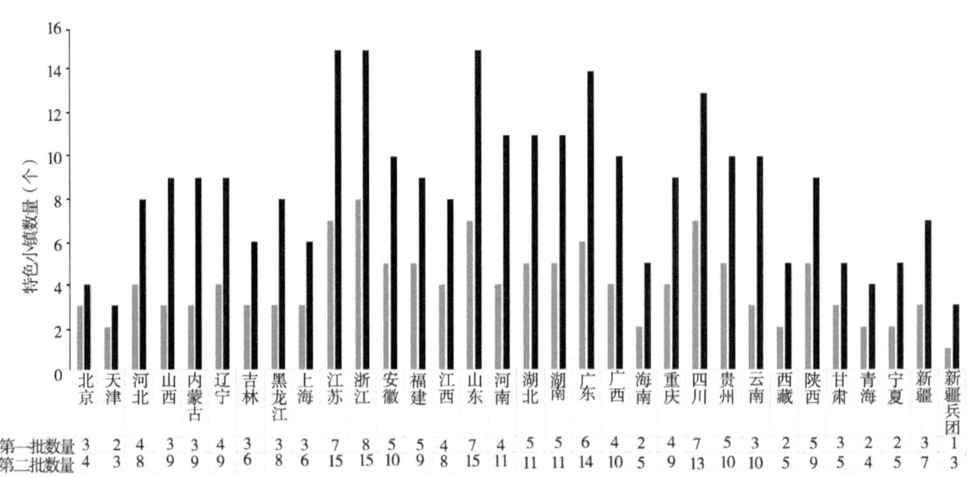

图4　中国第一批、第二批特色小镇数量统计情况

注：根据住房和城乡建设部发布数据整理绘制。

2. 秉承绿色发展理念

（1）江苏省　树立鲜明绿色发展政策导向江苏省乡村振兴战略围绕绿色农业和可持续发展，分别从生态文明建设、水污染防治、大气污染防治、土壤污染防治、太湖流域污染防治、农业循环经济等 6 个方面出台了系列政策与制度，构建了鲜明的绿色发展政策体系。按照自然资源承载力、农牧业匹配程度等，优化农业功能布局。以强化绿色生态补贴推进绿色发展措施落实，践行“藏粮于地、藏粮于技”理念，结合国家农业“三项补贴”改革，将直接发放给农民的补贴与落实耕地地力保护责任挂钩，引导农民综合采取秸秆还田、深松整地、有机肥替代化肥等措施，加强农业资源养护。同时，加大对绿色高效生产技术推广、农业废弃物资源化利用、轮作轮休等领域的扶持力度，充分调动各类经营主体积极性。江苏省高效低毒低残留农药使用率达 72.4%，高出全国平均 10 个百分点以上；畜禽粪污综合利用率超 81%，在全国处于领先地位；秸秆综合利用达 93%，超出全国平均 10 个百分点；主要农作物病虫害绿色防控覆盖率 57.3%，专业化统防统治覆盖率 60%，均远超全国平均水平；化肥、农药施用量近 10 年分别削减 20%和 30%，绿色优质农产品比重持续提升，农产品质量安全水平显著提升（表 5）。

表 5　2018 年省际间部分农业绿色发展指标对比情况

指标	江苏省	浙江省	四川省	全国平均
畜禽粪污综合利用率（%）	81	88	66	70
秸秆综合利用率（%）	93	94.4	87	84
废旧农膜回收利用率（%）	78	85	74	/
主要农作物病虫害绿色防控覆盖率（%）	57.3	40	28.8	27.3
主要农作物病虫害专业化统防统治覆盖率（%）	60	60	38.2	38

注：资料来源于全国及相关省份农产品质量安全情况通报。

（2）浙江省　经济生态化与生态经济化长期以来，浙江省以绿色环保理念为依托，强调将乡村社会的生态价值、文化价值、休闲价值、旅游价值以及经济价值结合，将乡村生态优势转化为绿色经济优势，推动乡村自然资本快速增值，满足城乡共生发展诉求。从“千村示范、万村整治”、建设美丽乡村到推进万村景区化建设，从持续开展“811”美丽浙江建设行动到积极建设可持续发展议程创新示范区，从高效生态农业到特色农业强镇、农业全产业链建设，浙江省把环境改善、生态宜居、产业兴旺、体制机制创新有机结合起来，促使生态经济成为推动浙江省乡村经济发展最重要的引擎之一。浙江省乡村生态经济建设跳出了乡村看乡村、环境看环境的局限性，以经济生态化和生态经济化思辩性思维破解了“只要金山银山，不管绿水青山”的旧有乡村环境发展模式，在保护生态资源的同时，把“绿水青山”资源转化为“金山银山”资源，有效增加了生态资源的生产效率和经济效益，做到了生态环保和经济发展的有机统一。农业农村部数据显示，浙江省美丽宜居示范村国家级试点和全国美丽宜居示范村庄总量位居全国首位，美丽乡村成为浙江省乡村生态文明建设的重要成果。优良的乡村生态环境成为吸引社会资本独特的资源禀赋，浙江省休闲农业和乡村旅游业势头迅猛，在第一批全国乡村旅游重点村名单中，320 个全国乡村旅游重点村名录乡村名单中浙江省入选名单最多，共计 14 个。2016—2018 年期间，浙江省乡村旅游人数和旅游收入均保持了 20%以上的年增速水平，乡村旅游人次从 2. 8 亿人次增至 4 亿人次，营业收入从 291 亿元增至 428 亿元，推动农民收入持续快速增长（图 5）。

3. 创新乡村治理模式

2019 年 6 月 5 日，农业农村部发布了“20 个全国乡村治理典型案例”，例如北京市顺义区的“村规民约推进协同治理”、浙江省宁波市象山县的“村民说事”、宁夏回族自治区吴忠市红寺堡区的“规范村民代表会议制度”、湖北省秭归县的“村落自治”、湖南省娄底市新化县吉庆镇油溪桥村的“村级事务管理积分制”、湖北省大冶市的“党建引领 · 活力村庄”等。明显可见，新时代各地农村在探索善治体系的实践中，都发挥了创新精神，一是创新治理的机制、规则、程序等，二是创新与农村实际相适应的治理

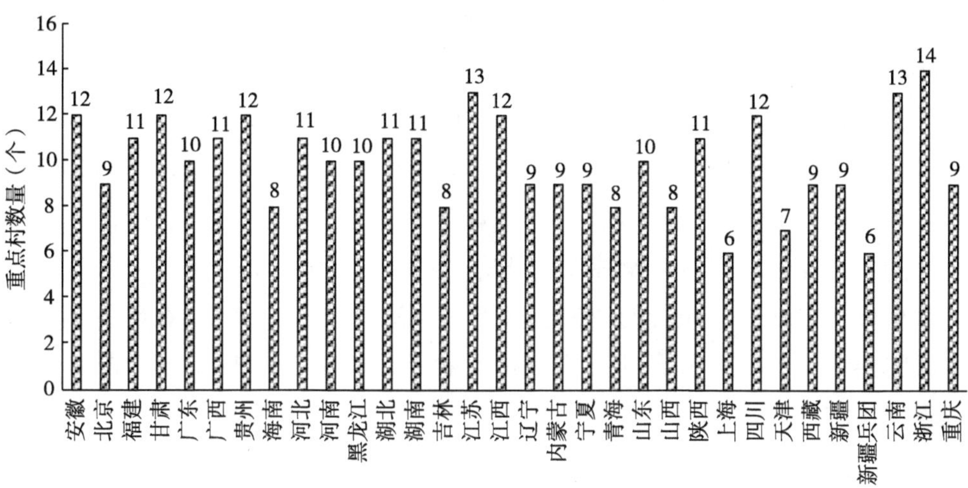

图 5　第一批全国乡村旅游重点村分布情况

形式。形式可不拘一格，其焦点在于有效。有效便不必在意形式，而重点在乎内容。农村基层治理有效的形式也必然是多种多样的，但无论何种形式，“有效”始终是新时代农村基层治理探索实践的重要价值和原则，通过有效推进善治，提升农村基层治理现代化，也是国家在乡村振兴战略下通过治理整合和振兴农村社会的重要目标（图 6）。

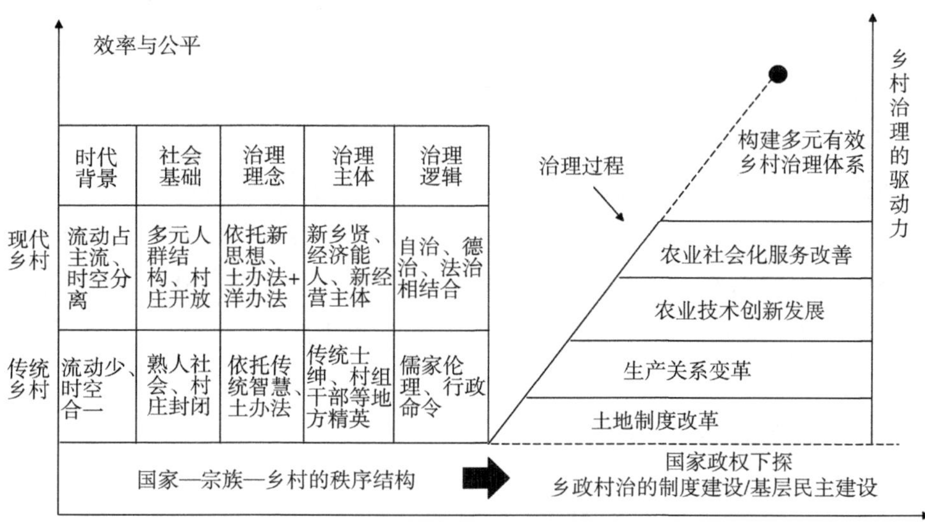

图 6　传统乡村治理向现代乡村治理演变过程

党的十八大以来，浙江省加快推进乡村治理现代化进程，在乡村治理实践中涌现出不少有价值的创新案例，例如浙江武义县陈村村民监督委员会、东阳花园村“村规民约”、象山“村民说事”、桐乡“三治合一”、德清“乡贤参事会制度”等案例均从不同维度诠释了乡村治理的创新实践。伴随着乡村社会的不断重构，浙江省积极通过自上而下的顶层设计和自下而上的自主探索，促进社会多元参与、协商共治美丽乡村建设中各项重大事项决议，推动城乡融合的法治、德治、自治“三位一体”，在制度的间隙中大胆尝试，形成了符合地方实际的乡村治理新样态，打造了全国乡村治理现代化的先行区。

4. 注重持续改善民生

（1）拓展农民增收渠道　浙江省先后实施欠发达乡镇奔小康、山海协作、百亿帮扶致富建设、低收入农户奔小康等扶贫工程，充分发挥“乡土、乡贤、乡愁、乡创”在促进乡村产业振兴和增加农民收入中的作用，加快释放改革红利、政策红利，把美丽乡村建设与提高农民收入、壮大村集体经济有机结合起来，深化农村改革，推动权能变现，有效激活农民资产资源，有效拓展农民增收渠道。在多种强农惠农富农政策推动下，浙江省城乡居民收入差距持续缩小，农村居民人均可支配收入水平连续34 年居全国省（区）首位，2018 年，浙江省农村居民人均可支配收入达到 27 302 元，远超出全国平均水平，城乡居民收入比为 2.04：1，为全国各省（区）最低。从对比省份的收入来源结构看，浙江省农民工资性收入占比在四项来源中最高，达六成以上；转移性收入比重最低，仅10.78%，表明浙江省农民生计越来越不依赖于务农收入和财政补贴，一二三产业的深度融合促使农民工资收入、劳务报酬逐年提高，成为农民增收的首位因素和动力。从农民生活富裕角度来看，浙江省乡村振兴反映了高起点的振兴发展（表 6）。

表 6　2018 年省际间农民可支配收入额及收入来源结构比较

收入来源	浙江省	江苏省	四川省	全国平均
农民可支配收入（元）	27 302	20 845	13 331	14 617
工资性收入（元）	16 898	10 222	4 311	5 996
比重（%）	61.89	49.04	32.34	41.02
经营性收入（元）	6 677	6 017	5 117	5 358
比重（%）	24.46	28.87	38.38	36.66
财产性收入（元）	784	767	379	342
比重（%）	2.87	3.68	2.84	2.34
转移性收入（元）	2 943	3 839	3 524	2 920
比重（%）	10.78	18.42	26.43	19.98

注：根据全国与相关省份统计公报数据整理计算。

（2）切实提高民生保障水平　调研显示，全国各地将民生工程视为政府与群众的沟通纽带，从农民最迫切的医疗和养老需求着手，推动农村社会事业全面提升。截至目前，江苏、浙江两省已全面建立起城乡居民基本养老保险制度和基本医疗保障体系，城乡基本养老保险参保率、基本医疗保险参保率均处于全国领先地位，基本实现了城乡居民医保一体化。与此同时，随着居民收入水平的快速增长，江浙两省农民消费结构也正朝着更高层次发展，尤其表现为农村居民的健康理念不断升级。2018 年，江苏省和浙江省农村居民恩格尔系数分别为 26.2%和 30.3%，农村居民在医疗保健性、文教娱乐性和服务性等发展、享受型方面的消费支出额及其比重明显超出全国平均水平，由此推动农村居民在吃、穿、行、住、文教娱乐等各方面呈现出平衡充分发展态势（表 7）。

表 7　2018 年省际间农民生活水平测度指标比较

省份	恩格尔系数（%）	农村居民人均消费支出（元）	农村居民人均医疗保健支出		农村居民教育文化娱乐支出	
			额度（元）	占消费总支出比（%）	额度（元）	占消费支出比（%）
浙江省	30.3	19 707	2 059	10.45	1 591	8.07
江苏省	26.2	16 567	1 530	9.24	1 547	9.34

（续表）

省份	恩格尔系数（%）	农村居民人均消费支出（元）	农村居民人均医疗保健支出		农村居民教育文化娱乐支出	
			额度（元）	占消费总支出比（%）	额度（元）	占消费支出比（%）
四川省	35.2	12 723	1 345	10.57	1 414	11.11
全国	30.1	12 124	1 194	9.85	1 302	10.74

5. 大力弘扬乡村文化

文化振兴是乡村振兴的重要支撑，被视为乡村振兴战略中的铸魂工程。在乡村文化方面，浙江省独树一帜，走出了一条传承与弘扬乡村传统文化的独特道路，全省乡村文化建设呈现出生机盎然、蓬勃向上的良好局面。浙江省以文化振兴为基础，不断巩固提升“千镇万村种文化”活动品牌，高标准营造乡村文化新氛围。一是加大农村优质文化产品供给。支持农村题材影视、戏曲、歌曲、舞台剧等创作，大力建设乡村文化市场，培育农村文化产业。二是加强农村文化载体建设。以农场文化礼堂为主阵地，培育文明乡风、良好家风、淳朴民风。三是积极弘扬乡土传统文化。在系统挖掘“千村故事”“千村档案”的基础上，实施农业农村优秀传统文化保护振兴工程，重点保护好文物古迹、传统村落、民族村寨、传统建筑、农业遗迹、古树名木等乡村文化遗产和农耕文明，截至2018年年末，全省累计启动保护利用历史文化村落 1 529 个，历史文化（传统）村落保护利用推进率69.8%，远远超出了全国其他省份对传统村落的保护力度。四是不断增强乡村文化产业功能。通过不断提升乡村旅游景点的文化内涵和文化品位，促进乡村文化旅游的深度开发，将乡村景观游朝着乡村文化游提质升级，营造乡村文化旅游新气象。

鉴于此，四川省若要推进实现乡村振兴的全面发展，须深刻认知自身发展短板与制约因素，以浙江、江苏两省为发展标杆，立足资源禀赋打造乡村主导产业，因地制宜确定乡村振兴的主攻方向，积极补足自身发展弱势，带动农民增收致富。

六、四川省推动乡村振兴的短板制约

尽管四川省农业农村现代化发展逐步迈入了高质量发展的新阶段，但面对全面建成小康社会的攻坚期，实现四川省乡村全方位振兴，赶超江浙等发达省份乡村振兴水平，争当新时代全方位、高质量、有内涵的乡村振兴排头兵，仍然面临农业产业转型升级难、乡村治理成本高、农业劳动力缺失、农村内部发展不平衡、乡村发展内生活力不足、乡村传统文化传承难等深症结问题，亟待破解。

（一）农业产业转型升级难，“川字号”产品竞争力不强

相比于全国其他地区，四川省农作物病虫害呈多发、频发、重发态势，农业生产中存在对化肥、农药、除草剂、杀虫剂、农膜等化学投入品过度依赖和不合理使用现象，农业生态环境负荷不断加重。据统计，2000年，四川省化肥施用量212.6万吨，到2017年已经增至242万吨，增长13.8%。同期，尽管农药使用量趋于减少，从2000年的6.1万吨降至5.8万吨，但农药利用率不高，高效低毒低残留农药应用面积比重严重偏低；农膜使用量增长较快，从7.26万吨增至13.3万吨，增长了83.2%，化肥、农药和农膜的超量使用造成土壤板结、有机质含量及土层厚度下降，导致农村面源污染严重，这些极大提升了四川省农产品安全供给的难度。与此同时，土地、劳动力、环境保护、质量安全成本的显性化和不断上涨促使四川省农业跨入高成本阶段，主要农产品综合成本上涨速度超过了

全国平均水平，农业生产的微利性和亏损性严重挫伤农民生产积极性，农业的商品属性逐步退化为自给属性。加之，四川省农业产业经营分散、产业链条短、加工率低，农产品区域同质化现象严重，一些地方产业发展中盲目追求规模化建设，导致产业发展缺乏特色优势甚至缺乏地域适应性，产业提质升级面临严峻挑战。四川省农产品加工转化率58%，比全国平均水平低了5个百分点，除川酒、川药、川菜外，众多“川字号”农产品仅停留在鲜销或初加工水平上，成为农业产业化发展的重要短板。从农业标准化、商品化、品牌化等多维角度来看，“川字号”农产品的市场竞争力、影响力等均相对偏弱，“川字号”农业产业大而不强、品牌不响的问题尚待破局。

（二）规模化经营推进缓慢，土地细碎化制约仍存在

四川省土地资源分散化、细碎化特征明显，坡耕地面积比重占八成以上，土地适度规模经营推进难度十分大。一方面，农村青壮年劳动力持续大量外流。四川省作为农村劳动力转移输出大省，其农村空心化、农民老龄化问题十分突出，农村留守劳动力有效供给严重不足，抑制了土地合理利用，山丘区耕地撂荒弃耕尤为普遍，“谁来种地”问题突出。另一方面，土地适度规模经营质量不高。农村许多耕地为亲戚邻里之间的代耕代种，具有经济意义的适度规模经营占比低，经营耕地面积在30亩以上的农户数比重仅1.68%，明显低于全国3.88%的平均水平。此外，农户兼业化程度加深固化土地细碎化格局。随着越来越多的农民转向代际分工为基础的“半工半农”家庭生计模式，农民对土地依赖性不再强烈，同时对土地的持有成本几乎为零，造成一些农户宁愿粗放经营甚至将土地抛荒也不愿意流转。2018年，四川省全省兼业农户比重达28.83%，高出全国水平2.08个百分点，致使土地细碎化经营问题愈加严峻（表8）。

表 8　2018 年四川省与部分省（市）农户经营耕地规模情况比较

（单位：万户；%）

省份	未经营耕地	10 亩以下	10~30 亩	30~50 亩	50~100 亩	100~200 亩	200 亩以上
全国	2 150.5	23 313.6	2 867.9	730.0	272.6	97.9	43.3
比重	7.30	79.09	9.73	2.48	0.92	0.33	0.15
江苏省	204.3	1 418.8	88.0	18.1	7.5	4.4	1.7
比重	11.72	81.41	5.05	1.04	0.43	0.25	0.10
山东省	208.1	2 099.2	183.2	26.2	10.2	3.3	2.4
比重	8.22	82.89	7.23	1.03	0.40	0.13	0.09
河南省	57.5	1 862.7	228.2	46.0	12.2	4.0	1.9
比重	2.60	84.19	10.31	2.08	0.55	0.18	0.09
重庆市	66.9	676.8	33.1	5.9	1.8	0.5	0.4
比重	8.52	86.17	4.21	0.75	0.23	0.06	0.05
四川省	103.7	1 955.1	76.9	25.2	7.6	1.9	1.7
比重	4.77	90.01	3.54	1.16	0.35	0.09	0.08

数据来源：《中国农村经营管理统计年报》（2018）。

（三）农村人居环境治理难，农民生活品质亟待提升

随着 2020 年全面建成小康社会的时间节点不断推进，四川省农村人居环境整治的紧迫性日益凸显。一是四川省农村居民环保意识相对偏低。四川省作为劳动力输出大省，农村留守人口多为老人和儿童，其环保意识普遍不强。与此同时，四川省是多民族聚居地，少数民族地区村民的生态文明意识和环保意识相对偏低，严重制约着农村人居环境整治工作的有效推进。二是四川省农村人居环境治理成本偏高。作为全国 6 个扶贫任务最重的省份之一，四川省经济发展相对滞后，加之，四川省地域广阔，山区、丘陵比重较高，广大山区农民分散居住，部分地区广泛推崇的“户分类、村收集、镇转运、县处理”等人居环境整治模式在四川省存在着较强的区

域局限性，现有技术与资金投入也难以支撑起农村人居环境的综合整治。三是四川省城乡二元结构较为固化，快速城镇化背景下，基础设施建设、人居环境整治设施等公共服务配套方面的“重城轻乡”现象依然存在。同时，农村居民受传统生活习惯影响，对人居环境整治必要性的认知也相对不足。可以说，四川省农村环境总体管理薄弱甚至粗放松懈。

（四）基层调适能力趋弱化，乡村治理成本不断攀升

目前，四川省正处于经济社会形态快速转变时期，这一时期社会思潮复杂多变，传统乡村治理模式难以跟得上新形势和新变化，乡村治理难度和治理成本不断提增。一是乡村治理中尚未形成对流动的乡村社会的有效治理技术。随着农村人口不断外流，乡村精英大量流失、乡贤严重缺失，乡村社会自我修复和调适能力不断下降。二是在市场流与信息流加速推进背景下，农村社会封闭性不断被打破，农村利益主体呈多元化特征，农民集体主义思想观念逐步淡化，各利益主体之间通常会表现出显性或隐性的对抗，乡村传统治理模式受到严重冲击。三是乡村基层组织建设发展滞后，村干部整体素质不强，“系统治理、依法治理、综合治理、源头治理”的理念还没有根植于干部群众意识中。据四川省农业农村厅调查显示，42%的干部群众认为“村民自治流于形式”，61.5%的认为“村规民约仅限于口号”；农村法治基础薄弱，34.4%的村民表示“很少运用法律维护自身权益”，法律权威性远未树立；德治基础脆弱，38.8%的村民认为“农村缺乏有效德治载体”，23.4%的村民认为“农村社会金钱至上、不讲情义”。法治、德治、自治难以形成“三治合一”的格局，村民权利无法保障落实。

（五）乡村劳动力严重缺失，“未来谁种地”问题严峻

乡村劳动力长期流入城市的格局未能改变，2018 年第一产业就业人员

1 752.3 万人，同比上一年减少 40.6 万人。另据四川省第三次全国农业普查数据显示，2016 年，全省 2 429 万名农业经营人员中，大专及以上学历的仅占 0.9%，35 岁及以下的仅占 14.6%。同时，基层农技推广人才数量严重匮乏，全省每万亩耕地的农技人员仅 11 人，在 45 个深度贫困县农技推广编制岗位的空置率高达 35.6%。可以说，全省农业生产面临劳动力严重断层的困境，迫切需要解决“地由谁来种、猪由谁来喂”的问题。尽管四川省政府多举措促进人才返乡下乡，但成效甚微。2018 年，四川省乡村外出务工人员达 2 534 万人，返乡创业 67.6 万人，仅占外出务工人员的 2.67%。乡村青壮年人才的不断流失，促使务农劳动力“老龄化”甚至“高龄化”倾向不断加剧，农业生产经营人员中，年龄 55 岁及以上的人员比重高达 38.06%。与此同时，四川省农业副业化相比全国更为突出，尽管四川省现代农业产业基地和现代农业经营方式不断发展，但这仅限于一些区位条件好、资源优势突出的局部地区，多数地区则是小规模、一家一户的传统农业、兼业农业、老人农业，老龄化与土地细碎化问题相互交织，作为农业生产支柱的小农群体，其劳动生产率不断趋于下降，农业后继乏人问题愈发严峻。

（六）集体经济改革推进难，乡村发展内生活力不足

农村集体经济发展滞后，四川省没有集体经济收入的空壳村、薄弱村占到 2/3 以上。尽管政府对农村集体经济发展的重视程度不断提高，但农村集体经济发展薄弱的状况并未改变，甚至表现出进一步恶化的倾向。据相关统计，2015—2018 年，四川省有经营收益的行政村中，集体经济收益 5 万元以下的行政村占比从 72.7%提升至 80.14%，集体经济收益在 5 万~10 万元、10 万~50 万元、50 万元以上的行政村占比分别下降了 3.94 个、2.35 个和 1.14 个百分点，并与全国集体经济组织整体发展趋势形成了较大反差。从四川省集体经济的收入结构来看，土地租赁、厂房租赁、征地补偿

等是主要收入来源，经营收入、投资收益等在总收入中比例明显偏低。2018 年，四川省全省经营性收入仅占总收入的 10.27%，比全国平均低了 22 个百分点；投资收益占总收入比重 1.19%，比全国平均低了 1.89 个百分点；而土地征收补偿、土地出让收益比重长期超过六成。可以说，四川省集体经济组织发育不足、盈利能力不强、发展水平较低等问题严重阻滞了乡村内生活力的发挥，随着宏观经济形势进一步下行，四川省农村集体经济的可持续发展将面临愈加严峻的挑战（图 7）。

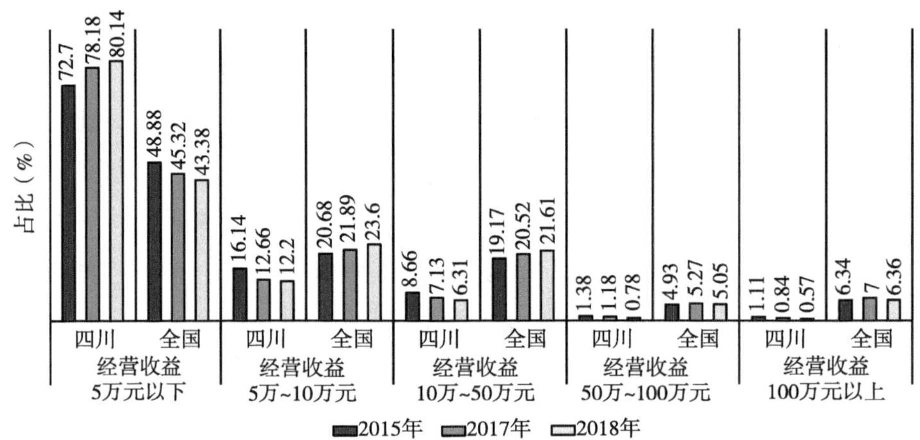

图 7　2015—2018 年四川省农村集体经济状况与全国情况比较

注：根据《中国农村经营管理统计年报》公布数据整理绘制。

（七）农村内部发展不平衡，区域经济差距持续扩大

四川省地形地貌的复杂性制约了农村区域经济的平衡发展，尽管四川省通过“脱贫攻坚”“多点多极”等战略努力促进区域协同发展，但四川省不同农村地区经济发展依然相差甚远，这主要是由三方面原因造成的：一是长期以来在新农村建设、现代农业发展等方面均表现出一定的选择性发展特征，尤其是选择试点示范的过程中，往往定位在区位条件好、发展基础好的区域，重视“锦上添花”，忽视“雪中送炭”，由此导致区域农村

经济差距不断拉大。二是不同地区农村发展模式不均衡，例如成都平原，农业基本实现机械化、科技化和水利化，能够为农村经济发展起到巨大推动作用，城乡之间积极互动；而山丘区农业发展仍然依托传统生产模式，由此，不同发展模式带来的经济效益明显不同，更加剧了农村区域经济发展的不平衡性。三是在四川省脱贫攻坚进程中，大量资金资源投入贫困村和贫困户，有的甚至表现出明显的超量供给，不仅造成扶贫资源的大量浪费，同样也带来了贫困县与非贫困县、贫困村与非贫困村、贫困户与非贫困户之间因外部支持差异产生的新的发展失衡，巩固提升脱贫攻坚成效的难度依然巨大（图8）。

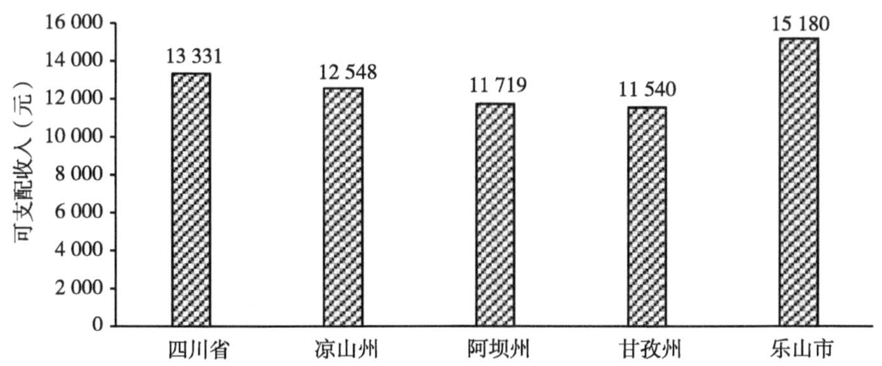

图8　2018年四川省及省内深度贫困民族地区农民人均可支配收入比较

（八）乡村传统文化渐衰落，文化传承面临严峻挑战

随着城镇化进程的加快，乡村人口大规模流失、聚集度降低，乡村熟人社会的伦理价值秩序逐渐解体，市场伦理和市场逻辑慢慢代替了乡土伦理和乡土逻辑，农村内在的文化“基因”已经发生了严重变异，农民难以对乡村文化产生亲和力。一是由于村小学或初中大量撤并，让乡村失去了文化聚集空间，加上许多乡村教师并不在教学地居住生活，而是往返于城乡之间，对乡村的生活与情感疏离，割断了与乡村文化的联系，各种传统

价值因缺少滋养而面临消失，村庄人际关系淡漠化。二是农村劳动力尤其是新生代的大量外出，导致优秀传统乡村文化的代际传递遭到阻断，乡村农耕文化、生态文化、民俗文化等均面临着传承平台和载体缺失的困境。三是独特的非物质文化遗产面临着消亡的威胁，年轻人对乡土文化产生不自信和淡漠，许多具有珍贵价值的民间技艺甚至是非物质文化遗产面临着失传的危险。四是多地在发展乡村经济的同时忽视了对文化的重视。不少地区只注重农村基础设施的建设与经济建设，相对忽视了乡村文化保护与开发，留守在农村的老年群体无力继承和发展乡村社会的传统文化，致使传统文化遭遇了相当程度的断裂。

七、四川省实施乡村振兴战略的主要做法

四川省坚持以习近平新时代中国特色社会主义思想为指引，认真贯彻落实习近平总书记对四川省工作系列指示精神，从四川省处于转型发展、创新发展、跨越发展关键时期的历史阶段中和乡村大变革、大发展的宏观趋势中，谋划布局乡村振兴战略，采取了一揽子精准有效的政策举措。

（一）强化规划约束引导，完善顶层制度设计

四川省坚持规划先行，将顶层设计的科学性与基层实践的创造性有机结合起来，形成了乡村振兴较为完整的制度框架和政策体系，使乡村振兴平稳有序推进。一是推动规划编制。印发《四川省乡村振兴战略规划（2018—2022年）》，明确了实施乡村振兴的目标任务、工作重点和政策措施，部署若干重大工程、重大计划、重大行动。同时，把编制规划纳入各市（州）、县（区）的工作考核内容，各市（州）、县（区）分别制定了区域性乡村振兴规划和县域乡村振兴规划。印发《关于四川省县域乡村振兴规划编制的指导意见》，明确“1+6+N”的县域乡村振兴规划体系，在全国率先将村规编制作为实施乡村振兴战略的基础性工作。二是开展规划试点。采用竞争比选的方式，从秦巴山区、乌蒙山区、高原藏区、大小凉山彝区、川西平原地区和川中丘区分类选择22个县（市、区）和30个乡镇开展乡村振兴规划编制试点。三是强化规划落实。强化乡村振兴战略规划执行监管，严格实行规划审批制度，建立健全村镇基层规划建设管理队伍。在全

省建立县（市、区）政府每年向同级人大报告、向同级政协通报乡村振兴战略实施情况的制度。

（二）聚焦深度贫困地区，全力推进脱贫攻坚

摆脱贫困是乡村振兴的前提，促进与脱贫攻坚的有机衔接是乡村振兴战略的重要任务。四川省作为西部欠发达省份，面临着较为严峻的脱贫攻坚压力。四川省以超大规模的组织动员和超常规的工作力度，集中全力打赢脱贫攻坚战，确保与全国同步全面建成小康社会。一是攻克深度贫困地区堡垒。四川省将工作力度、资源动员及组织协同等各个方面聚焦在集聚于少数民族地区的45个深度贫困县，制定了凉山州、阿坝州、甘孜州深度贫困脱贫攻坚实施方案，实施住房、产业、基础设施等“七大攻坚行动”。布局专业扶贫、行业扶贫、社会扶贫“三位一体”的大扶贫格局，动员省内发达市（县、区）的高校、医院、国企和金融机构等社会力量，采取组团式、集团化全域结对方式，实施精准扶贫、精准脱贫。二是构建稳定脱贫的长效机制。注重保持扶贫政策的延续性和稳定性，并开展脱贫返贫动态监测和“回头看”“回头帮”。注重脱贫攻坚与乡村振兴之间衔接，将已摘帽的贫困县优先纳入乡村振兴战略支持范围，并进一步谋划2020年之后的扶贫战略思路。到2018年底，四川省农村贫困人口降至71万人，贫困发生率降至1.1%。

（三）推动农业提质升级，构建现代产业体系

四川省着眼于资源禀赋和比较优势，针对农业“大而不强”的痛点，精准选择若干特色农业作为乡村产业振兴的基础依托，奋力推动农业大省向农业强省跨越。一是明确发展重点。四川省确立了特色农产品优势区

和全国优质特色农产品供给基地、全国商品猪战略保障基地建设的发展定位，将“10+3”现代农业产业体系作为乡村产业振兴的重点，推动川粮油、川猪、川茶、川菜、川酒、川竹、川果、川药、川牛羊、川鱼等10大优势特色产业全产业链融合发展，夯实现代农业种业、现代农业装备、现代农业烘干冷链物流3大先导性产业支撑。二是注重产业升级。四川省将“优、绿、特、强、新、实”六字经作为乡村产业振兴的重要方向，将农业产业园区建设作为工作重点，出台了《四川省现代农业园区建设考评激励方案》，通过产业园、加工园、科技园、农村产业融合发展示范园以点带面促进农业发展能级提升。目前，四川省农业高质量发展取得初步进展，粮油、蔬菜、水果、茶叶、肉蛋奶等主要农产品供给保持稳定，农村面源污染状况得到有效改善，“三品一标”认定数量位居全国前列、西部第一，农产品地理标志产品数量位居全国第二，农村电商、乡村旅游等农村新产业新业态发展迅速。农业创新创业活力的持续迸发，已吸引累计67万人左右回乡创业就业，创办企业17万余家。2019年上半年，四川省农村居民人均可支配收入实现 7 661 元，同比实际增长7.5%，城乡居民收入比缩小到2.38∶1。

（四）聚焦人居环境整治，建设生态宜居乡村

四川省将“美丽四川省·宜居乡村”农村人居环境整治作为实施乡村振兴战略的“第一仗”，借鉴浙江省“千村示范、万村整治”工程经验，推进美丽生态宜居乡村建设。在制度设计上，印发《美丽四川省·宜居乡村推进方案（2018—2020年）》，组织编制市、县两级农村人居环境整治规划。在整治内容上，明确生活垃圾治理、生活污水治理、卫生厕所改造和粪污治理、旧村改造与村容村貌提升、完善建设和管护机制等5大内容，印发《四川省城乡垃圾处理设施建设三年推进方案》《四川省农村生活污水治理五年实施方案》《四川省农村人居环境整治村庄清洁行动

方案》等文件。在推进方式上，各市（州）各选择一个县（市、区）作为农村人居环境整治示范。在技术手段上，编制规范导则，按照平原、丘陵、山地不同地形，人文、旅游、生态不同类别，确定不同种类村庄整治标准和建设内容，分级分类制定农村生活垃圾污水处理设施建设和运行维护技术指南。在管护机制上，建立行政村常态化保洁制度，探索建立垃圾污水处理农户付费制度，支持村级组织和农村工匠带头人等承接村内环境整治、农房建设等小型涉农工程项目建设与管护。农村整体面貌得以有效改善，截至2019年上半年，四川省累计建成幸福美丽新村 25 951个，新建聚居点 1 338 个，涉及农户 8. 2 万户，改造和提升旧村落 3 011个，涉及农户 27 万户，保护修缮传统村落 26 个，建成“1+6”公共服务活动中心 3 323 个。

（五）保护弘扬传承文化，焕发乡风文明气象

四川省明确打造全国具有重要影响力的乡村文化振兴试验区和示范区的目标定位，积极促进乡村文明传承、文化弘扬和文化发展。一是强化传统文化传承和保护。开展乡村文化的恢复整理和保护抢救，建立乡村传统文化保护名录，按照一村一策、一户一策的原则对传统村落、乡土建筑和民族特色村镇进行保护修缮。二是开展乡风文明创建。坚持教育引导、实践养成、制度保障“三管齐下”，推动文明村镇和“四好村”建设，开展乡风文明建设主题活动，弘扬公序良俗，倡导契约精神。三是增强乡村优质文化供给。完善乡村文化基础设施，落实乡村公共文化服务保障标准，完善乡村文化公共服务体系建设，实现乡村两级公共文化服务全覆盖。四是推动文化资源的保护性开发。在深度挖掘历史文化、地域文化和少数民族文化等的基础上，打造“文化创新+观光旅游+休闲体验”的产业综合体，培育文化品牌，促进传统文化资源与现代消费需求有效对接。

（六）围绕促进“三治”融合，优化乡村治理体系

四川省按照“法治为本、德治为先、自治为基”的原则，完善乡村治理，促进乡村治理能力现代化。一是加强农村基层党组织建设。四川省从强化党的政治引领力和群众号召力出发，发展壮大农村集体经济，多个县（市、区）推进全面消除集体经济空壳村。强化人才保障，推行村级小微权力清单制度，推动形成以党组织为核心，集体经济组织、村民自治组织、社会组织等多元组织参与的“一核多元”的共治局面。二是推进村民自治。完善民主治村工作机制，开展村民组织试点，部分地区成立了村民议事会、理事会以及村务监督委员会等自治载体，村级阳光事务工程在多个市州推行。三是实施依法治村。推进阳光治村和平安治村，推动“法律七进”乡村宣传教育和“民主法治示范村”创建。四是完善德治体系。推进农村公民道德建设工程和乡村信用体系建设，同时，通过相关部门和乡镇政府的指导，规范了各地村规民约的制订和修订，村规民约的实施机制不断健全。五是推进乡村社会治理能力现代化。根据人口流动和公共服务配置的需要，推进拆村并镇，并同步推进乡村便民服务体系建设，构建和完善城乡社区公共服务综合信息平台。

（七）完善工作推进机制，汇聚乡村振兴合力

四川省坚持农业农村优先发展的原则，以强有力的组织领导和工作力度推动乡村振兴，在干部配备、要素配置、资金投入和公共服务上做到“四个优先”。一是强化组织保障。构建党委统一领导、政府负责、党委农村工作机构统筹协调的领导机制，构建省负总责、市县抓落实的工作机制，落实五级书记抓乡村振兴的工作格局。同时，将乡村振兴考核纳入目标绩

效考核，将考核结果作为干部任免、政策资金支持的重要参考。二是强化要素保障。强化土地保障，坚持拓展增量与激活存量并重，年度新增建设用地计划总量的 8%单列农业农村发展所需建设用地，将盘活乡村闲置校舍、厂房、废弃地、闲置宅基地等农村集体建设用地作为工作重点；强化资金保障，构建财政支农投入稳定增长机制，涉农县（市、区）每年公共财政支出中对乡村振兴投入要达到一定比例，将土地出让收入和城乡建设用地增减挂钩节约所获收入用于支持乡村发展，动员国有经济和工商资本服务于乡村振兴；强化人才保障，把乡村人才纳入各级人才培养计划予以重点支持，建立县级青年公职人员到乡村挂职制度、探索县乡新进公职人员到农村开展定期服务制度以及第一书记派驻长效工作机制，强化基层卫生、教育、农业科技、农经管理等机构和领域的人才保障。

八、四川省实施乡村振兴战略的典型模式和创新经验

四川省各地区结合自身的优劣势、机遇和挑战，探索形成了多种类型的乡村振兴推进模式。这些基层实践中所形成的宝贵经验，不仅具有本区域的适用性，还具有全国范围内的引领性和在全国其他地区的可推广性。

（一）四川省实施乡村振兴战略的典型模式

四川省是地处西部内陆的农业大省，幅员 48.6 万平方千米，位居全国第五位，拥有平原、丘陵、山地及高原等多种类型的地形地貌，经济板块分为成都平原经济区、川南经济区、川东北经济区等 5 大经济区。四川省的平原、丘陵、山区分别选择了各具特色的乡村振兴路径，选取郫都、荣县、汉源为典型代表，试图阐述四川省不同类型地域板块推进乡村振兴形成的模式。

1. 成都市郫都区：平原地区推进乡村振兴的样本

（1）成都平原地区推进乡村振兴的现状基础　成都平原是四川省人口最为密集、经济最发达、农业农村发展水平最高的区域。四川省委十一届三中全会提出了“一干多支、五区协同”发展战略，明确成都市的“主干”引擎角色定位。因此，成都市在乡村振兴中必须要确立高位求进的思路，不仅要当好四川省乡村振兴的表率，还需要发挥对全省其他地区的引

领带动作用。

成都平原地区在推进乡村振兴时主要面临着四个方面的问题和挑战：一是农村内部各区域之间的发展联动性不强。农村内部各区域之间的联动性不足，在各个区域之间的产业发展缺乏有效整合与协作配套，表现出较强的“割裂式”和平行化特征。二是农商文旅体融合发展的层次和水平有待提升。农商文旅体融合发展虽取得了骄人成绩，但是产业同质化和低端化的问题依然存在，小众化、个性化的新型产业模式创新不足，产业发展与乡村形态重塑整合不够，缺乏对高品质的消费场景和商业空间的打造。三是集成式推进改革深化的需求更为迫切。多项改革之间相互割裂的问题仍然存在，“点状突击、单项着力”的改革推进方式，难以有效扫清制约乡村振兴的深层次的制度障碍。四是乡村人力资本短缺的问题依然突出。农村优质人才向城市流出总体上仍明显大于流入，临近城市中心和工商业发达区域所带来的多元发展机会和广阔选择空间，导致乡村对人才的吸引力较弱，农村地区“空心化”日趋严重，劳动力老龄化和短缺化日益突出。

（2）成都市郫都区推进乡村振兴的创新做法　郫都区位于成都市西北部，是古蜀文明的重要发源地、中国农家乐旅游发源地，地处都江堰精华灌区核心区。2018 年，位列“全国综合实力百强区”第 43 位。2018 年 2 月，习近平总书记在郫都区战旗村视察工作，并在战旗村作出了“走在前列、起好示范”的重要指示。

郫都区针对乡村振兴面临的多重困境，努力践行习近平总书记的嘱托，将“扬优补短”作为振兴努力方向，形成了以“融合”为核心的扬优补短的高位振兴实践。这也是乡村振兴试点示范中最具典型性和代表性的成功实践之一。具体做法如下。

一是区域融合放大战旗品牌。把全域乡村作为一个整体进行系统思考和谋划，重塑乡村经济地理，充分发挥战旗品牌效应，示范带动周边区域协同发展。在宏观层面上，布局五大农业产业功能区、水稻生产功能区、乡村振兴博览园等功能区，实现区域联动。在微观层面上，遴选出 33 个行政村作为乡村振兴示范村，并在全区按照“一村一风格，一片区一特色”要求，形成“战旗示范片区”等8个乡村振兴示范片，辐射带动全区乡村全面振兴。

二是产业融合提升综合效益。郫都区破解规模扩展、以量取胜的劣势，凸显融合发展、生态高效的优势，聚力通过融合发展满足中高端消费群体的多元化需求并获得多位一体的综合性效益。其一，推进“农业+”行动拓展增收路径。推进“农业+园区（基地）”“农业+科技”“农业+工业”“农业+旅游”四大行动，提升“第六产业”层级。2018年，实现乡村旅游收入23.8亿元。其二，建设融合发展先行区提升综合效益。围绕广福韭黄（韭菜）、新民场生菜、云桥圆根萝卜、精品花卉苗木（川派盆景）等优势特色产业，建成绿色有机农业产业基地、“稻田+”综合种养基地、赏花观叶基地等。其三，塑造特色农业品牌增附加价值。创新农产品品牌孵化与运营模式，创建“绿色战旗·品牌创新中心”，依托“天下星农”专业企业等培育农产品品牌，打造农业文化遗产品牌、“天府水源地”农产品公用品牌。

三是产村融合塑造大美乡村。将“西控”制约常规发展的劣势转变为生态发展、长效发展的优势，推进幸福美丽新村建设，实现了农商文旅体融合发展与乡村形态美化的统一。其一，优化乡村环境。在开展农村人居环境整治和实施“百村容貌”整治项目的基础上，实施林盘改造和乡村绿道网络建设，打造幸福美丽新村升级版。其二，挖掘文化内涵。推进灌区轮作系统和川西林盘申遗工作，打造农业文化遗产示范区。其三，发展美丽经济。建设“稻田+”示范综合种养基地，借助高标准农田改造、绿色有机农业基地和赏花基地建设，形成连片大地景观，推进农业景观化、农村景区化。

四是改革融合激活发展潜能。将改革作为乡村振兴的“驱动器”。其一，集成推进农村改革。集成开展农村土地制度、农村金融服务综合改革等18项国家、省、市改革试点，到2018年初，全区入市交易集体经营性建设用地38宗485亩，在全国首创“立足镇村、覆盖全区、融通成都、服务四川、辐射全国”的“1+5”农村共享服务综合体，“农贷通”平台建成三级服务站点 128 个，累计放款 4.8 亿元。其二，坚持改革与发展一体化推进。依托农村集体产权制度改革试点，强化集体经济发展政策支持，通过就地入市、作价入股等方式，盘活农村闲置资源，做强村级集体经济。截至 2018 年年底，全区村社两级集体经济组织资产超过 6 亿元，资金超过 2 亿元，2018 年集体经济收入 50 万元以上村达 30%以上，2022 年全区村级集体经济收入达 14 亿元。

五是内外融合增强人才支撑。采取内外融合的措施，构建以本土人才培育和外部人才引入双轮驱动的乡村振兴人才引育机制。其一，加强内部人才选育。依托战旗乡村振兴学院等，开展农民实用技术、新型职业农民、农业职业经理人等培训，进一步提高现有乡村人才的发展能力。其二，加强人才柔性引进。通过院区合作、校地合作等方式引进优质人才。整合以农业专家为核心的科技资源，与四川省农业科学院共建“农业专家大院”，在四川省率先建立集科研孵化、项目合作、专家服务、成果转化功能为一体的现代农业省级人才工作站。其三，充分发挥党员作用。创建基层党建“一环三组团”区域党建模式，打造 45 个党建示范点，建立 590 余人的村级后备干部人才库，选派 29 名“区选区备”村（社区）党组织书记后备干部、选调生和优秀大学生到基层挂职。

(3) 成都市郫都区推进乡村振兴的创新价值　郫都区的乡村振兴实践有力地破解了农村区域内部发展联动性不强、农商文旅体融合发展层次和水平不高、农村改革相互之间的关联与支撑不足、乡村人才短缺等问题，其所探索出的产业功能区、乡村振兴示范片、农产品品牌孵化与运营模式、“1+5”农村共享服务综合体、乡村振兴培训学院等做法具有较大的创新性，值得在四川省乃至全国范围内推广。

郫都区围绕高位求进的总体目标，探索了促进乡村振兴的五大长效机制。一是创新形成了多方资源整合机制。系统整合乡村内部和外部资源、政府和市场资源、有形和无形资源，破解乡村发展要素短缺、要素分散化、政策细碎化等问题。二是创新形成了内生动力激活机制。以品牌升级实现优质优价，以绿色生态增强竞争优势，以产权交易促进价值凸显等，市场机制的充分利用起到了激活乡村资源、增强内生发展动力的功能作用，克服了政府“独木难支”的困境。三是创新形成了产业协同优化机制。郫都区从全域空间布局、全产业链着力，注重通过加工营销带动、新产业新业态引领形成了农村一二三产业融合发展的产业协同优化机制，形成了“强二兴三优一”的发展格局，从而有效破解产业分割的发展困境、产业链短的市场风险和产业短板的木桶效应。四是创新形成了生态友好发展机制。郫都区重点发展生态有机农业，既减少了对生态环境的破坏和污染，又增强了对高端市场的响应能力，并通过打造“天府水源地”农产品公用品牌等利用优质优价的市场机制促进保护与发展有机衔接，在规避规模扩展“红海”的同时走上了“以质取胜”的发展道路，是对“两山”理论的深刻践行。五是创新形成了探索示范推广机制。郫都区开展乡村振兴示范村、示范片等多层面的试点，并且在试点中注重选择多元化的类型，以期增强探索实践以增强可推广性。更为重要的是，郫都区将以“战旗”为核心的乡村振兴探索实践经验推广到其他示范村和示范片，通过模式创新外溢将典型“盆景”汇聚成一片“花园”。

2. 自贡市荣县：丘陵地区推进乡村振兴的样本

(1) 丘陵地区推进乡村振兴的现状基础　丘陵地区是四川省重要的农产品生产基地，尤为突出的是，丘陵地区是四川省人口的集聚地，人均资源占有量偏小。总体而言，丘陵地区具有以下特征：一是农业地位重要。四川省 35 个农产品主产区县中丘陵地区有 22 个，占比高达 63%。二是人口负荷沉重。丘陵地区人口多，导致人均资源少，缺地、缺水等问题突出。三是基础设施滞后。基础设施和公共服务改善滞缓，在某种程度上已经落后于一些山区。四是乡村衰退突出。农村空心化和老龄化问题日益严重且比其他区域更为突出，“丘区衰退”不单是耕地撂荒、农房闲置和空心化问题更加严重，同时还有其承载的农业生产功能、居住功能和生活服务功能的退化或丧失，情况更加复杂，问题更加多元。

就四川省丘陵地区而言，推进乡村振兴面临着以下四大共同挑战。一是资源约束严峻与供给保障压力并存。这对丘陵地区在保障粮食安全和农产品供给的基础上提高土地产出效益，进而实现农业转型升级提出了严峻的挑战。二是人地矛盾尖锐与耕地低效利用并存。农村人口众多与高质量劳动力严重不足并存，耕地季节性、常年性抛荒的显性抛荒与粗放式经营、广种薄收的隐性抛荒并存。三是劳务经济发达与农业投入不够并存。劳务经济回流的资源大多并未进入农业农村领域而是沉淀于城镇尤其是房地产，要素非农化问题严重。四是振兴需求增大与政策供给不足并存。丘陵地区贫困县数量占四川省 88 个贫困县的 26%，多数县不是集中连片贫困地区、革命老区、少数民族地区，力度大的政策基本鲜有覆盖，政策供给相对不足。

（2）自贡市荣县推进乡村振兴的创新做法　荣县地处长江上游，沱江、岷江水系之间的低山丘陵区，幅员 1 609 平方千米，辖 27 个乡镇，总人口 67. 64 万人，其中，农业人口 52. 78 万人，占比高达 78%，是川南典型的丘陵地区。荣县瞄准丘陵地区的共同性挑战发力，进行多元化、全方位的产业振兴实践，促进产业、人才、文化、生态、组织五大振兴齐头并进、同向发力，形成了具有鲜明特征的丘陵地区乡村振兴实践路径。

一是以本土型特色产业为基础推动转型升级。荣县根据自然资源禀赋和产业发展基础，将推动本土型特色产业转型升级作为促进产业振兴的抓手。其一，把本土化优势产业作为重点依托。围绕“粮、菜、果、茶”四大优势特色，在全力培育高产粮仓、新型粮农、放心粮食“三驾马车”的基础上，大力优化提升水果、蔬菜和茶叶产业。其二，把标准化基地建设作为重要支撑。组建荣州 9S 智慧农业服务中心，强化农业标准化生产，已建成 80 万亩优质粮油和 28 万亩蔬菜、24 万亩水果、15 万亩茶、16 万亩油茶、7 万亩蚕桑、5 万亩健康水产养殖基地。其三，把公共化品牌打造作为提质增效的重要抓手。打造“荣州”品牌，培育“巴尔生猪”等地方特色农产品品牌 21 个，拥有“荣县油茶”和“新桥枇杷”2 个地理标志保护产品、“三品一标”农产品 47 个。

二是以友好型循环农业为路径提高发展质量。大力推广绿色生产技术，通过农业废弃物资源化利用项目等发展友好型循环农业。其一，推进“两循”。推进秸秆粉碎直接还田，并探索建设“小微综合体”，实现就地循环利用，消纳畜禽废弃物50%左右。推进异地循环，通过建设佳禾生物天然气工程、有机肥厂和45个大中型沼气工程，将秸秆、畜禽废弃物能源化和生产成有机肥还田。其二，做强“三合”。发展以“菜—稻—菜”“玉米+辣椒（大豆）—蔬菜”等为主的粮经复合模式，以畜—沼—菜（果茶粮）、稻田综合种养等为主的种养结合模式和以“农业+旅游”为主的产业融合发展模式，全县土地综合利用率提高20%以上，农业综合效益提高30%以上。其三，夯实“五保”。保障绿色发展规划、绿色生产技术、绿色基础设施、绿色环保项目、绿色智慧服务共建共享，促进园区可持续、基地产业强、农村风光美、农户能致富。

三是以合作型经营模式为载体促进多元增收。荣县通过低成本的合作规模扩张机制、紧密型的抱团发展机制、系统化的对接合作机制促进新型经营主体与小农户的衔接，摆脱以流转为主的土地规模发展路径。其一，加强“主体培育”。利用荣县籍人才和外出农民工回流的机遇，促进本土主体将前期积累投资到农业农村领域并带动周边农户发展，荣县2014年到2018年累计培育新型职业农民 2 317人。其二，推进“合作经营”。推动企业、专业合作社等领办、创办、联办特色产业基地和农业产业园区，形成“公司+基地+农户”“专业合作社+家庭农场”“土地股份合作社”等经营模式，实现小农融入现代农业的重要纽带和支撑。其三，促进“六农对接”。通过农科、农网、农校、农餐、农超和农旅对接，提高发展协同度和增收带动力。

四是以融合型功能拓展为重点增强综合效益。荣县通过融合型功能拓展发挥农业农村的多功能性，破解单一的农业生产功能发挥路径。其一，产村相融。将农村人居环境整治与打造宜居、宜业、宜游之地有机衔接，凸显乡村生态价值和休闲旅游价值。其二，文化融入。挖掘发扬本土佛文化、盐文化等民俗文化和荣州农耕特色文化，开展农民漫画、麒麟灯舞等乡村文旅活动，将乡村文化融入乡村产业之中，增强特色产业吸引力、竞争力。其三，农旅融合。践行“旅游农业与农业旅游互换”的理念，充分利用乡村自然风光、特色农产品、历史遗迹等资源优势，发展观光旅游、民宿经济等乡村旅游业态，2018 年全县乡村旅游接待游客 330 万人次。

五是以综合型改革创新为抓手破解瓶颈制约。荣县紧抓各项试点和创新政策契机，将多项改革举措进行统筹谋划、综合推进。其一，深化组织机制改革。成立县委书记、县长为组长的荣县乡村振兴工作领导小组，组建县乡村振兴促进中心，在重点区域、重大项目设立一线指挥部；成立金色荣州农业发展有限公司，开展项目投（融）资；成立园区管理委员会，专项推进现代农业园区建设。其二，构建改革财政投入机制。制定《荣县涉农项目整合管理办法》，2018 年，全县投入“三农”发展资金 32 亿元，其中，县财政投入 3.8 亿元。通过设立风险准备金、“乡村振兴农业产业发展贷款风险补偿金”等提高财政支农效率和效益。其三，深化产权制度改革。推进土地承包经营权、林权、集体资产股份量化等农村产权制度改革，实现土地预期收益、农业生产设施、林权等资产抵押贷款，到 2018 年，累计融资近 2 亿元。

(3) 自贡市荣县推进乡村振兴的创新价值　通过富有区域特色的探索实践，近年来，荣县乡村振兴取得了新型经营主体快速发育、农业产值大幅增加、产业融合成效显著、农民收入稳步增长等一系列成效。荣县不仅是全国产粮大县，生猪调出大县，蔬菜产业重点县，油茶百强县，生猪、蔬菜标准化示范县，绿色食品原料标准化生产基地县，也是四川省现代农业、林业、畜牧业重点县，农产品加工示范基地县，菜稻轮作现代农业示范区，还是四川省唯一的全国首批农业可持续发展试验示范区、四川省社会治安综合治理模范县、文化先进县和旅游大县。

可以说，荣县已成为丘陵地区快速崛起和影响力不断提高的典型代表，其乡村产业振兴路径对于面临严重资源约束、传统农业转型升级困难的同类型丘陵地区具有十分重要的价值。

具体而言，一是探索突出区域比较优势的融合发展路径。丘陵地区农业发展虽然面临着资源、资金、人才等约束，但也具备生态、文化、特色农业等比较优势。荣县在乡村振兴中通过采取发展友好型生态循环农业，开展乡村人居环境整治等举措凸显乡村生态价值，并植入文化元素，促进了产业、生态、文化等元素的有机融合，拓宽了乡村发展路径。二是探索改造传统农业模式的全链整合路径。全产业链的整合与衔接是现代农业发展的重要特征。荣县在乡村振兴中采取建基地、创品牌、促进“六农对接”等举措，将产业链的触角延伸至更大区域与更高层次，实现产业链与价值链的延伸与拓展。同时，通过合作经营使产业链不同环节的各个主体实现利益融合，增强产业链多个环节的衔接度与紧凑度。三是探索提升支农政策效率的制度创新路径。丘陵地区多为农业大县与财力弱县。在支农需求与支农力度不相匹配的情况下，荣县通过创新财政资金整合、“补助变担保”等政策支持方式，既提升了财政资金的使用效率，又撬动了金融资金和社会资本注入农村。通过产权制度改革将资源转变为可增值、流动化、有效率的资本，发挥其对资金的吸附与集聚作用。

3. 雅安市汉源县：山区推进乡村振兴的样本

(1) 山区推进乡村振兴的现状基础　相对于平原、丘陵等地区，山区独特的区域特征决定了其在乡村振兴中面临着一系列特殊性的挑战与困境。一是生态优势明显与经济发展受限的矛盾突出。山区县生态优势较为明显，但同时，生态环境承载力较弱，在主体功能定位上主要是限制开发区甚至禁止开发区，面临着“富饶的贫困”的窘境。二是资源相对丰富与细碎分散导致难以低成本集约化开发。山区县拥有丰富的矿产、生态、动植物以及景观等自然资源，但这些资源在空间上呈现出零星分散的特征，连片集约开发利用的难度大、成本高。三是基础设施建设需求大与建设成本高的矛盾十分突出。山区基础设施的建设成本显著高于平原和丘陵地区，而且自然灾害频发导致基础设施的毁损率高、后期管护成本高，薄弱的财政实力难以满足基础设施建设的需求。四是发展要素稀缺与要素长期外流同时并存。在资本的逐利特性、人口的城镇化规律等作用下，山区资源要素大规模净流出的态势更为突出。

（2）雅安市汉源县推进乡村振兴的创新做法　汉源县位于四川省西部，是地震灾区、水库库区、贫困山区、革命老区、少数民族地区“五区”合一的典型山区农业县。其主要创新性做法如下。

一是以本土化核心农民为主体。汉源县形成了以本土化核心农民作为乡村振兴重要主体的发展格局。其一，壮大产业“留才”。因地制宜发展甜樱桃、金花梨、花椒等特色优势产业 66 万亩，让农民能够通过就地发展产业实现“以地增收和在家增收”。其二，出好政策“引才”。对初次进行农业创业的农民一次性给予 3 000 元补贴，对新型农业经营主体给予最高 200 万元的担保贷款，建立创业指导中心、创业服务专家团、创新创业教育中心等，吸引农民工返乡创业。其三，加强培训“育才”。大力开展基层农技员知识更新培训、农民创业培训和农民实用技术培训。其中，2018 年完成技能培训 981 人。

二是以合作化生产经营为关键。汉源县针对当地山高坡陡、“蛙跳田”“斗笠田”多、难以实现机械化耕作的特征，重点引导小农走合作生产经营的道路。其一，特色经济环线“连产业”。针对特色产业根据海拔高度不同呈带状分布、单一主体规模小而区域整体规模大的特征，通过县上建大环线、乡镇建中环线、村社建小环线、户户建连接线的方式，将分散的产业串联成带。其二，新型经营主体“聚小农”。通过建立“公司+农户”“专合社+农户”和家庭农场引领带动的小农合作生产利益联结机制，带动众多小农户形成区域性的适度规模经营。到 2018 年，全县共有农产品深加工企业 36 家、合作社 854 家、家庭农场 362 家，带动全县近 8 万农户。其三，创新扶贫机制“带增收”。采用“专合组织+贫困户”“村集体经济+贫困户”的方式带动贫困群众利用产业扶持基金入股增收。2017 年，全县产业扶贫资金 3 348. 79 万元中的 1 644. 25 万元用于入股新型农业经营主体，带动 8 791 户贫困户户均增收 145. 39 元。

三是以规模化小农服务为特色。汉源县将小农尤其是发展型小农作为重要的服务对象，走出了一条以服务型规模为主的适度规模发展路径。其一，生产管理服务。通过做大汉源县大坡顶植保专业合作社等规范化专业合作社，全面推行农资统购统销和病虫害统防统治。其二，农业技术服务。与四川省农业科学院等 11 个科研院所开展科技合作，构建“专家+农技人员+农村技术能人”三级技术服务人才体系，社会化采购土专家、田秀才定点服务小农生产。其三，品牌塑造服务。鼓励创建“三品一标”农产品品牌，大力塑造公共品牌。目前全县已认证“三品一标”农产品 75 个、面积 26 万亩，打造“阳光汉源”“汉源红”2 个区域农产品公用品牌。“汉源花椒”品牌价值超过 7 亿元。

四是以特色化产业融合为突破。汉源县依托特色农业产业和优势生态文化资源，延一产、接二产、连三产，推动田园变公园、新村变景区、产品变商品。其一，立体循环。推广“生态养殖+沼气+绿色种植”、林下种养殖等循环发展模式，因山就势打造“稻—蒜—果”立体农业。其二，农工互动。围绕黄果柑、苹果等发展农产品初加工产业，围绕花椒等发展精深加工，延伸产业链，提高产品附加值。其三，农旅融合。依托产业形成三强村“花海果乡”、前域社区“鹤舞田园”等大地田园景区，建设“百里花果长廊”将单一的节庆短时农家观光休闲发展为四季风情农家体验度假。2017 年，实现乡村旅游综合收入 33 亿元，全县近 13 万农民融入乡村旅游产业链。其四，农商结合。依托花椒产业打造天府商品交易所汉源花椒交易中心，围绕特色产业发展农村电子商务，成功申报省级电子商务产业示范县，累计建成电商支撑服务企业 15 家、电商网点 352 个，覆盖全县 90%的乡镇和 85%的行政村。

五是以精准化政策引导为支撑。汉源将有限的财政资金通过整合，瞄准制约乡村发展的薄弱环节和关键领域进行精准化投入。其一，设立农业发展基金。县财政每年设立 5 000 万元农业产业发展基金，奖励扶持范围涵盖基地提升、产品营销、农旅融合和品牌创建等重要环节和关键领域。其二，整合财政支农资金。除救灾救济资金、民政优抚资金和农民直接补贴资金不整合外，其他产业类、基础设施类和培训类资金一律纳入整合范畴。农村公路、农田水利、农业产业三个“三年大会战”累计投入资金22亿元。其三，撬动金融资本支农。结合农村产权制度改革，通过财政筹资600余万元设立风险补偿金等引导金融机构创新信贷产品，加大支农力度。

(3) 雅安市汉源县推进乡村振兴的创新价值　通过持续不断的创新性探索，取得了完全有别于一般山区农民“老龄化”、农村“空心化”、农业“边缘化”矛盾突出的显著成效。一是“稳住人”。主要劳动力仍留在农村务农增收。汉源县农业劳动力外流比重显著低于四川省平均水平，全县30万农村人口中，外出务工劳动力不到16.8%，比四川省60.5%的平均水平低43.7个百分点。而且，还吸引了不少农民工返乡务农和返乡创业，2017年，返乡农民工约有1.71万人，占全部外出劳动力的比重达到25%。二是“种好地”。耕地实现应种尽种和精耕细作。与农村普遍耕地撂荒和粗放经营形成较大反差的是，汉源耕地高效利用的成效十分显著。虽然全县耕地流转率只有7.2%，远低于全国全省平均水平，但以小农户和合作社的小规模利用为主要方式保持了精耕细作的优良农耕传统，而且应种尽种、立体种植、复合利用。三是“聚资本”多元整合形成农业农村发展的有效支撑。汉源虽然是财政弱县，但却持之以恒地以农为本、以农为重，在有效吸收外部资本的同时最大限度地聚集农户资金资源，以返乡农民工在内的本土农民为主体的多元投资，形成了与多数山区地方主要依靠外来业主流转土地、投资办厂带动农业发展和规模化水平提升完全不同的发展格局。

汉源县乡村振兴的探索不仅对于其他山区县推进乡村振兴具有的参考借鉴意义，而且在校正当前普遍存在的认识误区方面，汉源县实践所蕴含的以下五大启示具有重要价值。一是小产品同样可以拥有大市场。小和大的矛盾不是绝对的，在外部条件改善后是可以相互转化的，特色小产品通过品牌塑造和市场拓展仍然可以做大做强。汉源黄果柑和花椒都是小产品，但其市场占有率都在不断提高，分别远销东北和出口欧洲。二是分散资源同样可以形成大规模。只要通过有意识的产业引导和基础设施建设串联，及因地制宜地创新经营模式和大力度发展生产性服务组织，就能够形成单一主体小规模而整体产业大规模的发展格局。汉源甜樱桃和花椒单个生产单元的规模都相对较小，但总体规模分别超过 5 万亩和 11 万亩，并由此获得“中国甜樱桃之乡”和“中国花椒之乡”称号。三是传统产业同样可以催生新业态。利用山区的生态优势和农业景观等发展乡村旅游同样具有广阔市场，还可以通过发展农产品电子商务等提升传统产业。2017 年，汉源全县花椒、苹果、甜樱桃等地方特色商品线上交易额突破 1.5 亿元，同比增长 30%。四是特色农业同样可以实现高收入。汉源的实践表明，挖掘山区优势，发展特色农业，不仅具有较大的增收空间，甚至可以获得高于城市一般家庭的收入水平。以大樱桃为特色产业支撑的永安村，全村农户 565 户中 97.3%的农户大樱桃销售收入超过 5 万元，其中，10 万元以上的占 65.5%，80%以上的家庭购买了小汽车。五是财政薄弱同样可以做强乡村振兴。山区县财政实力相对薄弱，但这并不意味着财政薄弱就只能在乡村振兴中无所作为。汉源县的实践表明，通过大胆和有效率的政策创新，构建整合平台，激活闲置资源，可以有效发挥本级财政引领和撬动作用，提高财政资金的使用效率。

以扶持小农生产为抓手
促进乡村全面振兴

汉源县位于雅安市西南部，全县幅员面积 2 382 平方千米，地形地貌以山地为主，总人口 33 万，其中农业人口 29 万，占全县总人口近 90%，是典型的山区农业大县。全县耕地面积 26.19 万亩，人均耕地面积 0.87 亩，复种指数高达 2.7，近 93%的耕地由家庭承包经营，小农生产在农业生产中占绝对比例。近年来，汉源县始终把“三农工作”作为全县工作的重中之重，立足库区、灾区、贫区、民区、老区“五区”叠加的实际，以扶持小农生产为抓手，在做强农业、建美乡村、致富农民上进行了许多努力和探索，走出了一条适合山区县发展的路子，为乡村振兴打下了坚实基础。

一、夯实小农生产基础

针对长期以来制约汉源农业农村发展和农民增收的种植缺水、运输缺路、增收缺产业问题，2013年以来，累计投入资金62亿元，实施农村交通、农田水利、农业产业“三大会战”和乡村振兴补短板行动，全面解决了农民生产到销售过程中的基础性难题。

（一）持续改善农村交通条件

按照“建好主干道、打通断头路、形成循环路”的思路，累计硬化改造县、乡、村公路931千米，全县通乡公路通达率达100%，100%建制村实现通村公路硬化改造。不仅改善了农村交通出行条件，更使农民生产运输方式实现了翻天覆地的转变，农产品销售实现了从“农民市场低价卖”到“商人进村高价收”的转变，也为农旅融合发展开了好头。2019年，全县农产品的田间就地销售率已达60%。

（二）持续提升农田水利条件

按照“建好最初一公里，解决最后一公里”的思路，累计维修整治堰渠1 798千米，新建蓄水池860口，新增、改善灌溉面积21.33万亩，中高山区大量低产、荒弃的旱地被改善成了高产、适种的“水浇地”，为发展特色高效益经济作物创造了条件。2019年，全县粮食作物单产最高达1 100千克/亩，同比增长10.4%；耕地亩产值最高达8万元/亩，同比增长166%。

（三）持续调整产业转型升级

按照“农民种、政府补、专家教”的思路，县财政每年设立农业产业发展基金5 000万元，出台奖励扶持政策，对发展政府引导特色产业的农户，按照不同品种每亩给予300~500元补贴。累计新发展经果林27万亩，传统上只出产玉米、红薯的干旱坡地变成了特色农业产业基地。同时根据自身地理区位、资源禀赋、产业现状，调整优化特色农业产业体系。以适种区域为单元统筹规划农业产业，形成清溪甜樱桃、双溪白凤桃、梨园红富士苹果、安乐黄果柑等一大批“一村一品、一村多品、多村一品”的特色农业产业，全县以果蔬为特色的专业村镇达90%以上。

二、提高小农生产效益

针对小农种植规模小、品种散、监管难、效益差等特性，汉源县立足于扶持引导，延续引导扶持政策，推动农业实现产业、服务、品牌三个“集约化”发展，着力将小农生产引入现代农业发展轨道。

（一）坚持集约化培产业

按照“一带一主题、一域一特色”思路，因地制宜在全县差异化、错位式规划布局特色产业乡15个、特色产业村108个。累计建成以甜樱桃、红富士苹果、黄果柑、金花梨、伏季水果等5大优势水果，早春、秋延、高山等3大生态蔬菜，花椒、核桃2大特色干果为主的“532”十大特色产业基地近80万亩，实现了特色产业规模化、差异化发展。

（二）坚持集约化抓服务

持续深入开展“百名专家兴百村”活动，构建监管、服务一体化的农技服务管理体系，形成了农户统一标准采购农资、统一标准管护产业、统一标准提供产品“三个统一”，依靠市场竞争淘汰、依靠政府部门强力监管、依靠专家大院品种改良、依靠专合组织技术输出、依靠营销大户全程监控、依靠科技监测严把标准“六个依靠”的农产品质量监管保障格局。目前，汉源县已与14家科研院所建立合作关系，制定发布了农业生产技术规程10套，建立了上百人的“土专家”“田秀才”人才库，培育了专业从事农业农技服务的合作社932家。

（三）坚持集约化育品牌

认真落实习近平总书记关于高质量发展要求，大力实施品牌引领和塑造计划，打造“汉源红”区域农产品公用品牌，启动“汉源甜樱桃”地理标志认证，用“汉源”这张金字招牌把传统上各自为阵的小品牌统领起来，着力营造各领风骚又抱团发展的农产品品牌格局。目前，全县已成功申报地理标志保护产品5个、地理标志证明商标2个、四川省著名商标5个、四川省名牌产品3个。“汉源花椒”获得四川省著名商标后，又入选全省首批林业种质资源库，荣获中国驰名商标，品牌价值达49.65亿元，干花椒单价涨幅达20.1%。

三、延伸小农增收链条

通过建设产业环线，串起产业、园区、新村、景区、电商，推动农旅融合、农工融合、农商融合发展，不断拓宽农民发展多种产业、获得多种收入的路径。

（一）着力推动农旅融合

全域规划建设百公里百万亩乡村振兴产业环线，沿环线布局农业公园、田园综合体和农业生态观光点位，配套完善旅游服务设施，把全县农村的优势资源、人文历史、自然景观一一串连起来，成为兼具交通运输、旅游观光和民俗文化体验于一体的特色经济走廊。同时，连续多年举办四川花卉（果类）生态旅游节暨阳光汉源赏花旅游文化月、山区县乡村振兴学术峰会、贡椒采摘节等特色节会活动，与中央电视台（CCTV7）、人民网、新华网等知名媒体合作，大力宣传推介，打响了汉源乡村旅游品牌。

（二）着力推动农工融合

以龙头企业、专业合作社、家庭农场等新型农业经营主体为带动，同步下好农产品粗加工和精深加工“两步棋”。通过补贴扶持，在全县建成大型果蔬冷藏库41座，培育省、市级农业产业化龙头企业15家，农产品形成了产业发展、产品加工、成品销售一条龙的绿色可持续发展产业链条。

（三）着力推动农商融合

推广“农超对接”“农贸对接”“农餐对接”，拓宽农产品线下销售市场；实施“电子商务乡村工程”，引入“赶街网”等大型电商企业布局农村，建起雅安市首个电子商务生态产业园，与顺丰、申通等20余家大型快递物流企业签订协议，形成了线上线下互动的农产品销售大市场。目前，全县累计建成电商支撑服务企业15家、电商网点372个，覆盖全县90%的乡镇和85%的行政村，2019年，地方特色农产品线上交易额突破4亿元。

四、缔造小农美好家园

自2013年被确定为省级新农村建设成片推进示范县以来，汉源以幸福美丽新村、“四好村”“美丽四川·宜居乡村”创建为抓手，按照“群众主体、建管结合、产村相融”思路，从规、建、管入手，全方位推动全域新村建设。

（一）突出规划引领优布局

按照现代农业园区、乡村旅游景区、新型农村社区“三区合一”和“小规模、组团式、微田园、生态化”思路，从规划层面对乡村农房建设、基础配套、产业发展等进行明确，以规划为引领逐步实施新村改造，优化乡村“三生”布局，力求新村在形态上依山就势、错落有致、自然生态，在设施上功能齐全、现代卫生、方便居住。

（二）突出群众主体抓建设

以重建新村、生态新村、旅游新村、产业新村、扶贫新村五种模式为引领，整合脱贫攻坚和新村建设政策、资金，激发群众内生动力，发挥群众主体作用打造幸福美丽新村、“四好村”“宜居乡村”示范点，因村因户实施“建、改、保”、“四改三建三清”和农户“微田园”，全面完善新村水、电、路、信、网等基础设施，建设集卫生室、文化室等功能于一体的新农村综合体，以新村建设的实际成效提升群众幸福感，凝聚群众认同感，增强群众归属感。目前已建成县级以上幸福美丽新村200个、“四好村”161个。

（三）突出同步治理扬新风

推广算感恩账、奉献账、问题账“三本账”工作法，推行村民自治、依法自治、以德自治，依靠村民委员会、地方带头人、回村老干部、法律工作者的“三自治、四依靠”基层治理工作法，创新“爱心超市”激励和“三为汉源·爱家树风”大宣讲，引导村民自我管理、自我监督、自我发展，全县群众感恩意识、文明意识、发展意识明显增强。

在各级各界领导的关心支持下，今天的汉源呈现出乡村美、农民富、农业强的生动局面，乡村发展呈现出“三无”（即无空壳村、无撂荒地、无闲置房）、“三化”（即农业景观化、景观生态化、生态效益化）、“三美”（即新居美、环境美、人文美）的显著特点，截至2019年底，建成特色农业产业公园14个，省级乡村旅游示范乡、示范村12个，省级森林康养小镇1个，国家4A级旅游景区1个，认定中国最美乡村示范点、乡村旅游模范村各1个，农民人均可支配收入与2012年相比增长了87%。累计改造自然村落 1 120个，建成新村聚居点53个，新建、改造农房8万多户。全县农民真正实现了住上好房子、过上好日子、养成好习惯、形成好风气，一幅乡村全面振兴的画卷正在汉源大地徐徐展开。

（二）四川省实施乡村振兴战略的创新经验

四川省基于特殊省情和现实问题，在做法、机制和模式上进行了一系列卓有成效的创新性探索，已取得了较为明显的成效。在综合成都市郫都区、自贡市荣县和雅安市汉源县的实践探索的基础上，可以得出四川省实施乡村振兴战略的普适性创新经验。

1. 以渐进化坚持寻优推进为路径，促进乡村振兴稳步实施

乡村振兴是一项复杂的系统工程，涉及范围广、内容多，也就决定了乡村振兴难以一蹴而就，需要把握好节奏、进度和力度。四川省在实施乡村振兴中，遵循点轴面规律，注重试点先行，先力求在“点”上取得突破后，再将好的经验和做法推广到“面”上。在乡村振兴规划编制上，选择20个试点县和30个试点镇开展乡村振兴规划编制，以点带面探索建立可复制、可推广的乡村振兴规划编制方法，更好地发展规划在乡村振兴中的引领导航作用。在农村人居环境整治上，采取21个市（州）各选取1个试点县（市、区）先行开展农村人居环境整治试点，省级财政再根据试点成效进行财政补贴，再将试点经验推广到其他地区。在深化农村综合改革上，在30个县（市、区）启动开展城乡融合发展综合改革试点，着力探索城乡融合发展的体制机制、农业农村优先发展的具体体现、乡村振兴六大建设统筹推进的工作机制。总体来看，在实施乡村振兴的前期阶段，四川省采取了由点及面的渐进式推进方式，较好地确保了乡村振兴的科学性、精准

性、有序性。

2. 以特色化构建产业体系为抓手，推动乡村产业升级发展

四川省将优势特色产业作为构建现代农业产业体系的重点，进而实现乡村产业振兴和农业大省向农业强省跨越。一是精准确立产业优势。四川省在将自身产业基础与全国其他各省进行对照的基础上，立足优势、着眼长远，选择了粮油、猪、茶、薯、药、桑、菜、果、鱼、竹共10大具有地域特色的产业作为培育重点。二是突出关键发展痛点。基于“川粮油”产量高但品质优势不明显的问题，从产业链的源头出发，将现代种业作为首要的先导性支撑产业；在产中，基于丘陵山区适宜性农机具短缺的难题，着力发展智能农机装备制造；在产后，基于冷链物流建设滞后、农产品流通腐损率高的现实，突出烘干冷链物流业，从而弥补了产前、产中、产后等全链条环节的缺陷。三是强化园区载体支撑。四川省将打造特色鲜明、链条完善、要素集聚、机制创新的现代农业园区作为现代农业高质高效发展的平台和载体，在机制、政策、项目、要素等方面予以倾斜，发挥其引领带动功能，从而为传统农业的现代化转型提供基础依托。

3. 以协作化促进跨区联动为重点，构建全省共享共赢格局

四川省基于省域范围可分为多个相对独立地理板块的现实，着力在乡村振兴中推动各区域之间的协同式发展，形成多个区域之间共享共赢、共荣共生的发展格局。一是提出跨区协同的战略思路。提出“一干多支、五区协同”发展思路，发挥成都市在乡村振兴中的“主干”引领带动作用，引导和鼓励成都市与各市州形成战略合作框架，实现资源互通、优势互补、成果共享。二是首创七大共享服务平台模式。成都市率先探索搭建农村土地交易服务平台、农业科技创新服务平台、农村金融保险服务平台、农产品品牌孵化服务平台、农产品交易服务平台、农商文旅体融合发展服务平台、农业博览综合服务平台七大共享服务平台，促进首位城市的人才、资金、科技、信息等效益型要素突破地理阻隔，向其他地区乡村流动聚集。

三是探索多类型的区域融合发展路径。除在省级层面的制度安排之外，各市州结合自身实际，探索形成了多类型的农村区域融合发展路径。成都市以产业生态圈理念为指引，打造经济发展职能与社会管理职能相分离的产业功能区模式，实行“管委会+投资公司”的管理模式。探索“特色镇+林盘+园区”的产乡人境业融合发展模式，把乡村人居环境改善与农商文旅体融合发展、生态建设结合起来，带动乡村三产融合互促。德阳市探索以农业园区、特色小镇、产业强镇为节点，以镇间交通道路为纽带，串点成线、连线成环，打造“双圈层”农业产业大环线。

4. 以集成化推进农村改革为关键，激活乡村振兴动力源泉

四川省是农村家庭联产责任承包制的初始探索省份之一，也是全国农村改革先行区。在乡村振兴中，四川省同样将集成化实施农村改革作为激发乡村活力、释放发展动能的关键点。一是拓展改革领域。全国率先启动城乡融合发展综合改革试点和乡镇行政区划调整改革试点。以“土地股份合作社+龙头企业”试点为主要内容，探索农业共营制升级版。二是注重改革集成。在97个县（市、区）启动农村集体资产股份合作制改革，各地在实践中较好地将农村集体资产股份合作制改革与农村集体经营性建设用地入市改革、农村宅基地管理制度改革、农村经营体制创新等充分衔接起来，并与乡村振兴、脱贫攻坚等有机结合，形成了多元改革集成深化共同助力乡村振兴的局面。三是强化成果应用。注重对条件成熟、风险可控、成效明显的改革试点成果的转化应用。如在全省范围内总结推广成都农村金融服务综合改革试点经验，依托成都市“农贷通”平台建设服务全川的农村金融保险综合服务平台。应用农村承包经营权“三权分置”改革成果，推广土地入股、土地托管、代耕代种等方式，多种形式放活农村承包土地经营权。

5. 以系统化强化要素保障为基础，破解乡村振兴短板制约

四川省虽是经济大省、农业大省，但并非经济强省、农业强省、财力

强省，同时也是人口净流出省份，如何保障“人、地、钱”是四川省乡村振兴面临的首要问题。四川省注重采取系统精准的工作举措，夯实要素保障，有效破解了乡村振兴的制约短板。一是多渠道拓展资金来源。用好财政资金，构建涉农资金长效整合机制，加大财政转移支付力度，提高乡镇基本财力保障水平，推进财政补助改为股份、基金、购买服务、农业担保、贴息分险“五补五改”。激活金融资源，建立乡村振兴贷款风险金制度，开展“两权”抵押贷款试点，从而将金融资本有效导入农业农村。吸纳社会资本，在宜宾市建立全国首支乡村振兴基金，撬动社会资本参与乡村振兴。二是多举措强化土地保障。坚持拓展增量与激活存量并重，一方面，规定各地单列市不低于省政府下达年度新增建设用地计划总量的 8%，用于支持农村新产业新业态发展；另一方面，将突破重心放在激活存量集体建设用地，通过村庄整治、宅基地和农村空闲建设用地整理等，激活闲置集体土地利用价值。三是多路径引聚优质人才。坚持内培与外引并重，一方面，加强人才培育。成立四川省战旗乡村振兴培训学院、绵竹乡村振兴农民大学等人才培训机构，开展新型职业经理人、职业农民培训等。另一方面，加强人才引进。推动政府机关和事业单位工作人员下基层，鼓励来源于城市的“新农人”下乡从事农业，吸引新乡贤、农民工、大学生、退伍军人等群体返乡创新创业。

九、四川省实施乡村振兴战略的未来目标与路径分析

自党的十九大发出实施乡村振兴战略的号召以来，四川省省委、省政府把实施乡村振兴战略作为新时代做好“三农”工作的总抓手，结合四川省实际，立足省情农情，在推动乡村振兴战略落地落实上开展了一系列的探索并取得了实效。放眼未来，四川省在实施乡村振兴战略上还需要持续深化，尤其是要针对四川省乡村振兴中的短板和薄弱环节，站在全面、高质推进乡村振兴的角度统筹谋划、系统实施。

（一）实施乡村振兴战略面临的共性难题

党的十九大提出实施乡村振兴战略以来，全国各地表现出了极高的热情，及时响应、积极推进，但从目前的实践来看，也存在一些值得关注的苗头性、倾向性问题让乡村振兴可能陷入难以持续、高效推进的困境。

1. 动力来源单一化

乡村振兴是个系统工程，不仅需要大量的投资，而且需要政府、企业、村民以及社会各界的共同努力。但是，目前农村金融抑制问题依然严重，社会资本参与农业农村发展的功能作用仍显不足，集体经济组织和农户经济实力极为有限，在多方主体推进乡村振兴能力和动力不足的情况下，政府成为推进乡村振兴的主要动力源。虽然政府在规划、协调、战略引导和

政策支持等方面对于推进乡村振兴具有不可替代的主导作用，但是政府的作用边界不是无所不能的。一些地方把乡村振兴变成了政府强力推动的行政行为，这不仅造成动力来源单一和总体动力不足，而且蕴藏着行政化推进的效率弊端和极大的潜在风险。

2. 产业发展同质化

产业振兴是乡村振兴的关键支撑，但产业发展具有较强的路径依赖性，在产业比较成型的地区调整农业产业结构的难度相对较大而且见效较为缓慢。一些地方为了追求短期见效和集中连片，不顾资源环境约束特别是市场需求，在产业选择上或选择投资小、见效快的“短平快”产业，或盲目效仿、过度发展乡村旅游产业，或缺乏产业链的整体谋划和布局，严重冲击“一乡一业”和“一村一品”的寻优推进及错位发展战略，不仅容易造成新的“产能过剩”，与农业供给侧结构性改革背道而驰，而且易导致产业缺乏特色和市场竞争力、隐藏着较大的市场风险，如不及时纠偏很可能造成新一轮产业同构化矛盾，并在乡村振兴战略实施背景下以更快速度和更大规模爆发。

3. 小农参与被动化

虽然新型农业经营主体是发展现代农业的重要支撑，但是我国的地形地貌、人地关系、发展阶段等特征决定在未来较长一段时期内，小农依然是农业生产经营的主力军，是乡村振兴的重要参与者与主要受益者。虽然乡村振兴需要打破乡村自我循环的发展桎梏，通过引入外部人才、城市资本等有利于激活乡村资源，但是内生动力才是最核心、最持久的动力。一些地方为了盘活乡村闲置资源，加快乡村振兴进程，无条件、无限制地引入城市资本，甚至是给予高额的补贴和其他政策扶持，在这样的政策导向下，不仅导致最重要的利益主体农民和农村集体经济组织被严重边缘化，甚至被无情挤出，还导致农村稀缺的土地和生态资源再次被低价剥夺，严重威胁乡村振兴的持续性和稳定性。

4. 振兴样本盆景化

乡村振兴战略是针对乡村衰退趋势提出的逆转性战略举措，而且乡村振兴是全面的振兴、全域的振兴，因此，必须对原有的发展路径、发展模式进行有效的矫正，而且衰退越严重的区域越是振兴的重点、越需要振兴政策的扶持。但是，一些地方在推进乡村振兴的过程中，仍然沿用过去“嫌贫爱富”的政策资源投入模式，仍然热衷于“锦上添花”而不是“雪中送炭”，采用堆资源、吃偏饭的方式打造所谓的“样本”，甚至有的地方通过3P模式、银行融资等大规模负债的方式“寅吃卯粮”地打造超水平、超能力的“亮点”，一些区域之间呈现出不计成本、不惜代价的高标准“盲目攀比”怪象，虽然样本地发展变化确实明显，但难免陷入“一枝独秀”的尴尬局面，由于缺乏示范带动性、推广复制性而不可能形成乡村振兴的“满园春色”。

5. 改革创新表层化

与乡村振兴相对的乡村人口“空心化”、土地“荒芜化”等只是衰退表象，找准乡村衰退的根源并对症下药改革创新才能从根本上破解乡村振兴的“密码”，可以说，要全面、有效推进乡村振兴必须扫清深层次的制度障碍。但是，一些地区在推进乡村振兴尤其是开展乡村振兴“试点示范”的过程中产业“集中连片”、农房“穿衣戴帽”等侧重视角效果的表面文章做得多，但从制度层面下“深水区”探索创新、以问题导向啃“硬骨头”解决“疑难杂症”的工作做得还不够。表层化的改革创新将导致无法从根本上扭转乡村衰退的态势，更难以形成高效、持续的乡村振兴格局。

（二）四川省实施乡村振兴战略的短板环节和薄弱领域

四川省作为农业大省、人口大省和劳务输出大省，最大的不平衡是城乡之间的不平衡，最大的不充分是农村发展的不充分，在看到乡村振兴探索成效的同时，必须清醒地认识到乡村振兴的短板和薄弱领域。

1. 农村基础设施和公共服务欠账较多

农村基础设施仍然薄弱，四川省农村公路通达深度较低、连通度较差；坡耕地面积比重高，土地细碎化严重；有效管灌溉率仍然只有43.5%，农业靠天吃饭的局面没有得到根本改变。在推进城乡一体化进程中，城乡公共文化发展差距大，传统文化价值观念逐步淡化，传统文化的乡村记忆逐步流失；农村与城镇的教育、医疗、就业和社会保障等基本公共服务存在较大差距，普遍存在不均等不均衡，供给质量和供给制度障碍仍然是当前制约四川省农村基本公共服务最突出、最根本的问题。

2. 农村生态和人居环境不容乐观

农村环境脏乱差的问题严重，农村面源污染问题日益突出。目前，四川省仍有超过200万户的土坯房，村民小组配备专职保洁员的比例仅占40%，生活污水得到有效处理的行政村占比不到20%，有700万左右农户还在使用旱厕，50%的畜禽养殖废弃物未得到资源化利用和无害化处理。很多地方重视县城建设，忽略了乡镇建设，规划严重滞后，乡镇的基础设施、公共服务老化，功能弱化的问题比较突出。部分地区资源环境约束偏紧，大气、水、土壤污染问题较为突出，生态环境保护和绿色发展、可持续发展任重道远。

3. 乡村振兴多层次人才支撑能力不足

乡村振兴面临着多层次人才缺乏的困境，不仅严重缺乏懂技术、善经营的各类新型经营主体和职业农民，更缺乏在乡村治理中能够发挥领军作用的管理人才，在劳动力方面也存在着结构性短缺问题。从区域来看，不仅丘陵地区和偏远山区人才不足矛盾突出，而且在基础条件较好的成都平原也同样存在。四川省作为劳动力输出大省，流失的都是乡村“优质”甚至是“精英”资源，留下的主要是老弱妇孺，务农劳动力“老龄化”甚至“高龄化”不断加剧。虽然目前出现了农民工回流的趋势，但返乡农民工的数量仍然明显不足，多数仍处于观望状态，“有意愿没行动”特点突出，而且由于组织动员手段传统、瞄准对象方向单一、政策支持措施有限等方面的制约，导致返乡农民工规模不足且结构性失衡等问题。在专业技术人才和基层管理人才方面，由于现有的人才和干部管理制度制约和缺乏有吸引力的待遇，往往难以吸引优秀人才，一些地方想方设法引进的人才在短期内流失，导致未能形成持续增强的人才队伍。

4. 乡村社会治理现代化面临新的挑战

长期的城乡二元结构和“重城轻乡”的思想，使农村发展一直处于弱势地位。与城市相比，农村教育、科技、文化、卫生等公共事业发展滞后，城乡公共服务均等化程度低。虽然贫困地区通过近年来的精准扶贫工作得到很大的改善，但临界贫困地区的矛盾十分突出。四川省集体经济发展滞后，没有集体经济收入的空壳村、薄弱村占到2/3以上，集体经济组织自身的经营水平、收入水平普遍较低，集体经济组织发育不足严重阻碍乡村发展。基层组织建设发展滞后，村组干部整体素质不高，党支部和村委会的凝聚力仍待提升；农民的法治意识比较薄弱，现代文明程度低，德治约束力低，自治发展缓慢，村民权利保障落实还需提高。加上在乡村振兴中城乡人口、资本等资源要素的对流日益频繁，乡村利益主体多元化、利益格局复杂化的发展趋势对传统乡村治理机制形成了新的挑战，迫切需要构建新型治理机制。

（三）四川省实施乡村振兴战略的目标与路径

1. 四川省实施乡村振兴战略的目标

围绕乡村振兴战略目标，根据省情实际，结合已有探索实践经验及存在的问题和不足，四川省要继续创新发展理念，有效落实高质量发展的要求，坚持农业农村优先发展，坚持把实施乡村振兴战略作为新时代“三农”工作的总抓手，建立健全城乡融合发展体制机制和政策体系，统筹推进农村经济建设、政治建设、文化建设、社会建设、生态文明建设和党的建设，加快推进乡村治理体系和治理能力现代化，着力解决好四川省城乡发展不平衡不充分问题，加快推动四川省由农业大省向农业强省跨越，突出抓好实施乡村振兴战略的重点工作，推动四川省农业全面升级、农村全面进步、农民全面发展。

到 2035 年，乡村振兴取得决定性进展，农业农村现代化基本实现，农业强省基本建成；农村生态环境根本好转，宜居宜业、留住乡愁的生态宜居美丽乡村全面建成；城乡基本公共服务均等化基本实现，城乡融合体制机制更动力来源单一化；文明乡风、良好家风、淳朴民风基本形成，乡村自治、法治、德治相结合的治理体系更加完善；城乡居民收入差距和生活水平差距显著缩小。

2. 四川省实施乡村振兴战略的重点

尽管四川省实施乡村振兴战略的主要任务与全国是基本相同的，但立足四川省的现实基础和区域差异，其战略重点的选择至关重要，必须充分体现基于区域特征的发展需求，其中，具有关键性、突破性的战略重点主要是以下方面。

（1）区域：以重点衰退地区和深度贫困地区为乡村振兴重点　四川省乡村振兴，重点在丘陵地区，难点在深度贫困地区。一方面，丘陵地区在四川省行政区域覆盖广，农村人口在四川省农村总人口中占比多，超过 60%；耕地面积占比大，占四川省耕地总面积 50% 以上。这一基本省情决定了丘陵地区必然是四川省乡村振兴的重点区域。再加上丘陵地区自然资源匮乏，人地矛盾更为突出，农村人口流出数量多、规模大，致使丘陵地区耕地撂荒和村庄“空心化”问题相对更加严重，总体上已经成为四川省乡村衰退矛盾最为突出的重点区域。丘陵地区的乡村衰落不单是地理空间形态的缩小，同时还有其承载的农业生产功能、居住功能和生活服务功能的退化或丧失，情况更加复杂，问题更加多元。毫无疑问，四川省实施乡村振兴战略的挑战性任务，必然首先是如何有效扼制丘陵地区这一重点区域的衰退态势，通过重点集聚政策、资金、项目，调整优化村庄布局、加大村庄环境整治、扶持产业发展、加强基础设施建设、推进乡村治理能力建设，进而逐步实现全面性的乡村复兴。另一方面，四川省贫困地区基础设施落后，产业发展缓慢，增收渠道狭窄，特别是大小凉山彝区和高原藏区等发展严重滞后，四川省45个深度贫困县的脱贫攻坚任务十分艰巨。因此，乡村振兴难点在四大片区特别是深度贫困地区，应聚力解决以深度贫困地区为重点的区域性整体贫困问题，整合各种资源，新增脱贫攻坚项目和资金重点向深度贫困地区倾斜，形成支持深度贫困地区乡村振兴的强大投入合力。

(2) 领域：以特色优势产业发展为乡村振兴核心　乡村振兴的关键支撑是产业发展和提升，现阶段，四川省现代农业发展虽有重大进展，但在地域布局和专业化分工方面的特征仍不十分突出，各地农业产业结构的趋同性较为严重，未能完全形成具有鲜明地区特色的优势农产品区域布局结构，特色优势产业发展集聚效应较差、质量品牌效益仍需提升。因此，在实施乡村振兴战略的过程中，既要考虑四川省农业资源和产出极其丰富，也要考虑四川省地形以丘陵、山区为主，耕地分散、细碎化程度高等特点，注重扬长避短，寻优发展，充分发挥各地资源优势，推进产业由增产导向转为提质导向，重点做大做强具有优势和特色的水果、蔬菜、茶叶、木本油料、食用菌、中药材、烟叶、蚕桑、木竹等产业，以“建基地、重科技、提质量、强加工、创品牌”为重点，加快形成具有市场竞争力和创新力的优势特色产业体系。要进一步围绕优势特色产业强化科技支撑，坚持农业种质、种源优先发展，创制一批优良新品种、新技术，加强农业科技研发、转化和推广，完善农业科技创新激励机制，为特色优势产业注入科技力量，提升质量水平。要实施农产品品牌战略，围绕川粮、川猪、川茶、川药等优势特色产业，实施品牌建设工程，创新品牌宣传营销，加强品牌保护监管，巩固提升传统老品牌，培育打造优势特色新品牌，把“川字号”品牌铸造成享誉和畅销国内外市场金字招牌，推进农业产业转型升级，提高现代农业产业竞争力。

基于四川省土地资源特征，要特别重视结合农村产权制度改革，加强土地整理，尤其是高标准农田建设，为培育各类新型经营主体发展现代农业，促进小农转型升级并进入现代农业发展轨道创造基础条件。要立足于四川省地形地貌复杂，多数区域不适合开展大规模机械化耕作的实际，更加注重发展特色农业多种形式的适度规模经营，以服务性规模经营为重点破解大规模土地集中的条件约束和风险防控难题。要根据四川省普通农户仍然占主体、新型农业经营主体快速发展的态势，走出以大企业集中性政策扶持和小农户普惠性政策扶持的两个极端，更多地支持种养大户、家庭农场、合作社等更具本土化特征、稳定性发展潜力的适度规模经营主体做大做强。

（3）*任务：以村庄整治和宜居乡村建设为乡村振兴突破口*　目前，乡村衰退的最突出的表现是农村空心化。据调查，四川省农村举家外迁率达26%，超过三成的流动人口全年平均回老家不足2次。由此一方面导致原有村落农房闲置情况严峻，加剧了原有自然村落空心化趋势；另一方面新聚居点和新村建设也同步出现空心化趋势，据相关部门抽样调查，新村聚居点平均入住率不到80%，低的仅有36%。农村住宅分散布局，住房普遍闲置，空心化严重，极不利于公共基础设施配套建设，村落整体规划难以开展。此外，农村空心化还导致村级选举参与率和村干部素质趋于降低，农村社会网络出现断裂，更容易诱发社会矛盾，对农民的社会资本积累造成负面影响。因此，四川省乡村振兴应以旧村改造和村庄整治为重要突破口。要根据人口变动规律加强对村庄空间布局进行合理优化，因地制宜、分类型推进村庄整治和宜居建设，按照“业兴、家富、人和、村美”的要求，稳步建设幸福美丽新村，结合农村生产生活实际情况，推广“小规模、组团式、微田园、生态化”的建设模式，支持有条件的乡村建设以农民合作社为主要载体、让农民充分参与和受益，集循环农业、创意农业、农事体验于一体的田园综合体。

（4）群体：以贫困人口同步小康为乡村振兴关键　决战建成全面小康的重点在农村，关键在贫困群体，特别是“四大片区”深度贫困地区的贫困人口。因此，实施乡村振兴战略的关键一仗就是打好脱贫攻坚战，确保到 2020 年贫困地区和贫困群众与全国全省同步迈入小康社会。然而，2016 年，四川省虽实现 5 个贫困县摘帽、2 437 个贫困村退出、107.8 万贫困人口脱贫，贫困发生率从 2013 年底的 9.6%降至 4.3%，但历经 3 年扶贫攻坚之后，四川省仍有 270 多万贫困人口，脱贫攻坚主战场向深度贫困地区转移，难度更大，任务更艰巨。因此，四川省实施乡村振兴战略必须始终把脱贫攻坚作为首要任务，统筹推进精准扶贫精准脱贫，要围绕“两不愁、三保障”和“四个好”目标，聚焦贫困老年人、妇女、儿童、残疾人等重点群体，下足“绣花功夫”，以产业扶贫为重点，创新模式，强化参与，探索构建脱贫奔康长效机制。要围绕“搬得出、稳得住、逐步能致富”，对 116 万农村建档立卡贫困人口有序实施易地扶贫搬迁，同步推进配套基础设施建设和基本公共服务设施建设，促进贫困人口安全住房与就业致富问题同步有效解决，确保到 2020 年现行标准下，四川省贫困人口全部脱贫摘帽，同步建成小康社会。

（5）措施：以激活土地要素为乡村振兴关键选择　乡村振兴发展的关键在于盘活农村要素，有序推进城乡土地、劳动力、资本等要素的市场化进程。其中，土地要素能否有效激活，是最为关键的方面。从 2003 年改革启动至今，以成都市为代表的四川省城乡要素流动改革已进行了持续探索，部分改革成效已经显现，城乡要素市场体系初步建立，但仍面临着农村产权交易机制不畅、农村产权交易市场不活、农村产权交易服务机构定位不清晰、集体经济组织发育不足等问题。特别是随着乡村振兴的进一步推进，城乡开放背景下土地要素流动范围逐渐扩大，客观上存在着农村土地经营权大规模流转与风险防范机制缺失的矛盾，同时，集体经营性建设用地入市机制仍不健全、农村宅基地退出改革还存在较多难题，这些都不同程度地阻碍着土地要素的自由流动。因此，作为乡村振兴战略的基础和核心环节，继续深化城乡要素自由流动体制机制改革具有重大现实需求。要以进一步深化农村土地制度改革为切入点，通过不断推动制度创新、完善市场机制，实现城乡土地要素的自由流动和高效配置，以农村土地要素的全面激活带动整个乡村振兴。

(6) 手段：以壮大集体经济为乡村振兴重要抓手　农民和集体经济组织是乡村振兴最重要的利益主体，振兴集体经济是实现乡村振兴的重要基础。四川省集体经济薄弱相对突出，对乡村振兴制约更强，是乡村振兴的重要制约因素。要针对四川省多数村级集体经济属于“空壳”，缺乏发展壮大基础的实际，在全面完成确权颁证和股权量化的产权制度改革的基础上，通过财政投入向集体经济组织注入“启动”资本，实施集体经济“活化”工程。明确农村集体经济组织作为各级财政投入到村的发展类资金承接主体，鼓励集体经济组织采取独立或与龙头企业、专业合作社合作入股、合作经营等多种方式实行市场化运作，建立符合市场经济要求的集体经济运行机制。要规范发展新型集体经济组织，鼓励以集体资产股权入股等形式组建集体资产管理公司、股份经济合作社等经营实体，打造多样化的集体经济组织产业业态，不断发展壮大农村集体经济。要针对目前四川省集体经济组织主要经济收入是以资源低价格直接出租为主的格局，探索集体资产出租、集体入股分红、集体经营收入等多种经营方式，大力实施农地、农房、林木、人力、农村闲钱、集体资产“六个盘活”，让“死资源”变成“活资产”。充分用好“四荒”资源开发和利用的相关政策，探索“四荒”资源开发的新模式。

3. 四川省实施乡村振兴战略的路径

乡村振兴战略是一项系统性工程，实施乡村振兴涉及内容广、范围宽、部门多。根据四川省实际和特点，实施乡村振兴战略应采取融合化、绿色化、善治化、人文化、差异化“五化”推进路径。

(1)“融合化”推进路径　根据乡村振兴的总体要求，在推进四川省乡村振兴的过程中要促进多维度的融合，通过融合化发展提高乡村振兴的实效。核心是进一步打破城乡二元体制，突破原有的城市与乡村相互分离脱节的发展体系，转变孤立的乡村发展模式，构建深度融合的发展机制，实现城乡之间发展要素的平等对流，基础设施、公共服务和社会治理的平等覆盖。

一是推进城乡空间融合发展。由于四川省地域广、地形地貌复杂，农村空间布局较为散乱，国土空间利用效率不高，因此，在推进乡村振兴的过程中必须着重推进空间融合。要在遵循乡村人口、产业布局演变规律，审视未来发展趋势的基础上，加强中心村、特色村建设，合理布局村庄结构，建成规模适度化、布局组团化、功能融合化的新型村落体系。要按照保持农业生产空间、保证生活空间、扩大绿色生态空间的要求，合理布局乡村“三生”空间，促进“三生”融合发展。

二是推进一二三产业融合发展。推进产业融合发展是提高农村一二三产业综合效益的重要路径。四川省近年来推动产业融合发展取得显著成效，但从总体上来看四川省农产品加工率仍然偏低，以初加工为主，短板较为明显。虽然四川省休闲农业与乡村旅游综合经营性收入居全国首位，但农旅融合发展的优势仍然具有很大的挖掘和释放空间。因此，要围绕“优绿特强新实”，夯实现代农业发展支撑，打造“川字号”特色农产品品牌。要针对四川省农产品加工率较低，农产品附加价值不高的状况，把发展乡村第二产业作为四川省实现全面振兴乡村产业的重要支柱，优先稳定名优白酒、肉食品、粮油、纺织服装、烟草、茶叶、中药材等千亿产业发展增势，突出培育食品饮料万亿产业。要充分利用四川省乡村旅游资源丰富、发展基础较为扎实的优势，大力发展休闲农业、森林康养、文创产业、电子商务等新产业新业态，围绕打造乡村旅游专业村、森林康养示范区、电商产业示范乡镇等，推动多种业态互动融合发展。要开辟农村产业融合发展的新空间，立足开发农业农村的新功能，通过发展生产、生活、生态有机结合型农业，提升农业的文化、科技、教育、旅游观光、休闲度假和运动养生价值。

三是推进城乡基础设施和公共服务融合一体化发展。四川省近年来农村基础设施和公共服务得到极大改善，但相对于实现乡村振兴而言还有较大差距，在深度贫困地区和长期处于支持政策夹心层的丘陵地区表现尤为突出。要进一步促进城市基础设施向农村延伸，强化乡村道路、农田水利、电力、通信等基础设施建设，做到与乡村布局、新村建设和产业的统筹协调，夯实乡村振兴发展基础；加快农村教育、文化、卫生事业的发展，全面深化社会保障制度改革，建立城乡无差异、缴费和待遇标准多层次、保险关系无障碍转接的基本养老、医疗保险体系，推进城乡公共服务一体化。农村基础设施和公共公务作为重要的公共品，要统筹推进、融合发展，进而充分发挥其效能。

（2）“绿色化”推进路径　在推进乡村振兴过程中要特别注重转变发展方式，改变过去以牺牲生态环境为代价的短期化开发模式。四川省作为长江上游生态屏障，四川省共有 56 个县（市）纳入国家重点生态功能区，数量居全国首位，生态地位十分重要，但大气、水、土壤等环境污染问题仍然较为突出，节能减排降碳任务依然十分艰巨。因此，在乡村振兴中必须坚持绿色化发展道路，进一步凸显四川省生态优势，构建以生态环境友好为指向的绿色化可持续发展模式，重点推进乡村生产、生活和生态“三生”融合发展，实现生态宜居目标。

一是推进农业绿色生产。推行绿色生产方式有利于从根本上缓解经济发展与资源环境之间的矛盾，形成人与自然和谐发展的新格局，是实现生态环境友好发展、增加绿色优质农产品供给的重要路径。四川省生态优势明显，要紧抓消费升级机遇，紧扣农业供给侧结构性改革主线，充分将生态优势转化为经济优势。要重塑种养循环新模式，以高标准农田建设为载体，以环境容量为基本遵循，在适度发展养殖业的同时配套建设种植基地，因地制宜推广“生态养殖+沼气+绿色种植”“一座猪场+一片粮田（菜地）”等就地种养循环的平衡发展模式，破解规模化养殖污染、秸秆利用等难题，并为推进有机肥替代化肥提供内在的发展支撑。要开展农业投入品减量行动，尤其是要推动化肥农药“零增长”；强化测土配方施肥，推进单质肥料产业转型升级，推进有机肥替代化肥。要以提高农产品质量安全水平和农业可持续发展为导向，加强病虫害绿色防控体系建设，推广高效低毒低残留农药和生物农药。要推进农业的标准化和品牌化，倒逼提高农业发展的生态标准，将生态优势转变为发展优势和竞争优势，尤其是要针对四川省“四大片区”生态好、污染少的特征，将生态扶贫与脱贫攻坚紧密结合，通过发展优质生态的特色农产品提高产品附加值。要构建农村绿色发展机制，处理好农产品加工、乡村旅游发展中的废水、废渣等减量化、再利用、再循环，构建起与生态环境友好发展机制。此外，还要推行农村生活绿色化，推广应用绿色新型建筑材料，引导建设节能低碳农村住宅，推进农村沼气工程建设，推广太阳能热水器、省柴节煤灶具等，鼓励使用高效节能电器，逐步提高清洁能源在农村用能中的比重。

二是加强农村环境治理与生态保护。四川省作为全国重点生态功能区，一方面整体生态环境地位重要，另一方面部分区域生态较为脆弱而且类型多样，土地沙化、岩溶地区石漠化、干旱河谷、灾损及工程创面等兼有，是全国唯一既有大面积沙化土地，又有岩溶地区石漠化的省份。在新时代人民日益增长对良好生态环境的需求与当前农村局部地区生态环境恶化、面源污染加剧等之间的矛盾越来越突出的情况下，必须在推进乡村振兴中更加注重和加强对生态环境的保护，建设宜居乡村。要大力加强农村环境综合整治，突出农村“垃圾治理、污水处理和厕所改造”三大革命，因地制宜推行污染治理与资源利用相结合、工程措施与生态措施相结合、集中与分散相结合的建设模式，健全农村生活垃圾分类、处理机制。实施家园美化、道路硬化、村庄绿化、街道亮化、环境净化和乡土文化等村容村貌提升“六化”工程。实施发展美丽经济“五变”行动，通过实施园区变景区、田园变公园、家园变花园、农房变客房、产品变商品“五变”行动，发展乡村旅游、养生养老、运动健康等美丽业态。要加大农村生态修复力度，结合绿化全川行动，构建生态修复和功能提升机制。针对耕地板结、有机质含量下降等问题，健全耕地轮耕、休耕机制，分类有序退出超载边际产能，尤其是要针对四川省草场牲畜超载较为严重的情况，进一步加大草场禁牧、草畜平衡等政策力度。针对川西草原、湿地退化等问题，健全耕地草原森林河流湖泊休养生息制度，完善生态脆弱区生态修复机制，探索建立以购买服务为主的生态建设成果管护机制。要加快健全生态补偿机制，完善饮用水源保护区生态补偿机制、森林生态效益补偿机制、湿地生态效益补偿机制，形成生态损害者赔偿、受益者付费、保护者得到合理补偿的运行机制，强化内在的生态环境保护动力。完善天然林保护制度，对天然林实行总量管理，健全省级公益林补偿标准动态调整机制。

三是强化绿色发展评价机制。在目前以 GDP 为核心的考核评价制度下，处于重点生态功能区的地区，其绿色发展的效益和成效难以得到充分体现，因此，要健全绿色发展评价机制，充分发挥考核评价的指挥棒作用，形成促进乡村绿色振兴、持续发展的内在压力和动力。要完善经济社会发展绿色评估制度，建立农业资源环境生态监测预警体系，探索构建充分体现资源稀缺和损耗程度的生产成本核算机制，并将农村面源污染监测、治理纳入年度考核，完善经济社会发展绿色评估制度。要健全农业绿色发展激励政策体系，加快建立分类科学、区域有别、标准合理、规范统一的农业绿色发展激励政策体系，引导和激励生产者加快转变发展方式。要实行差异化的考核和支持政策，弱化对生态主体功能区的经济考核指标及权重，强化其生态环境考核指标及权重。同时，加大对重点生态功能区的支持力度，尤其是要大力推进秦巴山区、乌蒙山区、大小凉山彝区和高原藏区生态扶贫，加快其脱贫奔康进程，促进区域均衡发展。

(3)“善治化”推进路径　治理有效是乡村振兴的重要内容，尤其是四川省作为劳动力输出大省，面对人口的不断流动和乡村社会结构的巨大变化，乡村治理正面临日益突出的挑战，而且四川省是多民族省份，作为全国唯一的羌族聚居区、最大的彝族聚居区和全国第二大藏区，大杂居、小聚居的特征较为明显，面临着促进民族团结、和谐共处的重要任务。因此，必须加强农村基层基础工作，健全法治、德治、自治相结合的乡村治理体系，充分保障农民平等参与、平等发展的权利，推进乡村治理体系和治理能力的现代化，走乡村善治之路。

一是加强基层党建。健全以村党组织为核心，村民委员会、村务监督委员会、集体经济组织、社会组织广泛参与的“一核多元”村级治理架构，切实推进各治理主体职能归位。建立健全村务联席会议制度、村（居）民议事制度，完善和落实村党组织定期听取村民委员会工作报告制度，推进党建带动村级各类组织建设的协同治理机制，构建科学的村级组织领导体制。强化党组织作为核心领导群众议事协商、领导多元主体开展服务，协调各方共同参与治理，推行村党组织书记专职化，第一书记常态化、制度化，加快选派机关、事业单位和国有企业中的优秀人才担任村党组织书记。

二是强化村民自治。要加强农村群众性自治组织建设，健全基层民主选举、民主协商、民主决策、民主管理、民主监督机制，基层群众自治基础不断夯实。以深入开展法律进农村活动和创建“民主法治示范村”为抓手，增强村民法律意识，引导村民遇事找法、化解矛盾靠法、解决问题用法，进一步巩固法治乡村建设。要深入实施“四议两公开一监督”等民主治村工作程序，全面推行自治组织与集体经济组织分离。加强村务监督委员会建设，健全务实管用的村务监督机制。要加快村民自治试点建设，在条件成熟的地区探索新型乡村治理模式，把城乡人口双向流动和混合居住的前瞻性因素纳入乡村治理结构中，协调平衡本地村民和“外来村民”的利益诉求，促进城乡社区和谐、共同发展。要加强社区治理体系建设，推进社区化服务管理，探索构建村党组织领导下的农村居民自治服务管理机制。要完善村级公开服务综合信息平台建设，加快实现网络互联、数据互通、信息共享，推动基层服务体系与满足群众多元需求精准对接。

三是深化农村法治。依法厘清农村基层党组织、基层政府、自治组织、社会组织、集体经济组织等参与社区发展治理的职责边界和事权划分，构建权力分配合理、职责清晰明确、高效协调运行的工作机制。建立健全农村基层权力规范化运行机制，推出村级组织“小微权力清单”制度。要加快推进乡村法律服务体系建设，推进法律援助进村、法律顾问进村。建立健全农村基层司法服务设施，扩大司法服务在农村基层的覆盖面。要完善农村社会治安防控体系，建立完善村级人民调解委员会，成立农村各类专业性调解组织。制定农村法治绩效评估办法，保障农村各项事业顺利发展。

四是创新农村德治。要推进诚信建设，强化农村社会诚信意识、责任意识、规则意识。正确引导和发挥“新乡贤”在乡村治理中的作用，为农村矛盾纠纷化解、公共服务开展和公益事业建设发挥协商协调等作用。要建立健全社区道德评议机制，开展立家训家规，传家风家教，倡文明树新风，革除陈规陋习等活动，引导农村居民崇德向善，实现居民自治良性互动，形成共建共治共享“三共”的社会治理格局和法治、德治、自治“三治结合”的乡村治理新模式。

(4)“人文化”推进路径　物质条件的改善是乡村振兴的外在表现形式，而乡村文明的复兴是乡村振兴的精髓所在、乡村文化的繁荣是乡村振兴的灵魂。四川省拥有悠久的古蜀农耕文明、丰富的乡村文化资源、鲜明的乡村地域特色，推进乡村振兴不能破坏乡村的特色文化，也不能以城市文明替代乡村文明，更不能以乡村文明消失为代价。因此，在实施乡村振兴战略的过程中，要坚持人文化的推进路径，以加强乡风文明建设为抓手，保护和传承乡村文脉，既传承和发扬乡村优秀文化传统，又与现代文明有机结合，形成文明乡风、良好家风、淳朴民风。

一是提高农民文明素质。坚持以习近平新时代中国特色社会主义思想为指导，开展社会主义核心价值观的常态化教育宣传工作，以具体化、生活化的方式增强农村居民对社会主义核心价值观的理解。要切实加强乡风文明建设，广泛开展“实现伟大中国梦、建设美丽繁荣和谐四川省”“崇德向善·厉行法治”“诚信·孝敬·勤俭”等主题教育，引导农民群众形成正确的价值准则，有效发挥社会主义核心价值观的引领作用，着力培育乡村新风良俗，尤其是要在贫困地区、民族地区结合脱贫攻坚工作培育“好习惯”，形成“好风气”。要结合脱贫攻坚工作，以“四好村”创建为抓手，着力加强乡风文明建设，让广大农民养成好习惯、形成好风气，有效遏制农村乱办滥办酒席、铺张浪费等陈规陋习，自觉抵制腐朽文化、落后文化的侵蚀。要通过农民夜校、流动讲习班等多种形式，宣传政策、普及致富技能、传播文明新风。深入开展法律宣传活动，提高农民群众学法用法、知法守法、诚信契约意识。

二是传承优秀乡土文脉。针对四川省民族民俗文化资源丰富、地域特色鲜明的优势，加强对乡村文脉的传承和保护，加大乡村历史的挖掘和研究，充分发挥优秀乡村传统文化的独特作用，深入实施古蜀文明保护传承工程、最美人文古镇（村落）创建工程等重点工程，特别要注重对村史的编撰和整理，深度挖掘整理乡村优秀文化遗产，尤其是要加大对四川省的林盘文化、茶马古道文化、民族特色民居文化以及精耕细作的古蜀农耕文明等的深入挖掘，激发传统文化力量。要加大对古镇、传统村落、民族特色村落和古民宅的保护力度，打造文化价值突出、民族特色和地域特色浓郁的传统村庄院落。

三是丰富乡村文化生活。要针对农村文化生活相对匮乏的实际，立足乡村人口实际需求和心理特征，以多种灵活形式开展乡村文化生活。组织农村歌舞表演、特色运动竞技会、民俗风情展、特色节庆活动等深度挖掘乡村传统文化，并借助现代信息技术手段加以呈现，形成传统文化与现代文明有机结合的乡村文化活动体系。要大力开展文明村镇创建活动，健全公共文化服务体系，增加公共文化产品和服务供给，鼓励各地广泛开展群众性文体活动。要深化群众精神文明创建，尤其是要以“村规民约”“家训家风”“文明创建”等为抓手，通过“五好家庭”“文明家庭”以及“好邻里”“好公婆”“好媳妇”“好儿女”“好少年”等评选活动，促进乡村精神文明与物质文明协同发展。

四是实施“文化+”战略。围绕巴蜀文化、三国文化、红色文化、民族文化、民俗文化和川菜文化、川酒文化、川茶文化、竹文化等，加大文旅、文创企业培育，加强现代文创精品研发，加快建设特色文化产业乡镇、文化产业特色村和文化产业群，塑造一批具有浓郁四川省特色的知名乡村文化品牌。

（5）“差异化”推进路径　乡村发展不平衡、不充分是多重因素综合作用的结果，四川省不同区域乡村衰退的程度差异、发展基础差异、区位条件差异、发展趋势差异较大，在这种情况下要防止“单一化”“一刀切”，建立分类型差异化的乡村振兴推进机制，提高乡村振兴的针对性和实效性。

一是分区域推进。四川省乡村振兴不仅要破解乡村发展不充分问题，也要破解不同区域之间乡村发展不平衡问题，更要促进城乡融合、构建新型城乡关系。鉴于四川省平原、丘陵、山区和民族地区之间差别较大，且区域之间乡村衰退的表现形式及程度存在较大差异的实际情况，要根据乡村振兴突破的难点和短板等，在平原、丘陵、山区和民族地区分类开展乡村振兴。在平原地区，要针对自然条件、区位条件、发展基础好等特征，实现高位求进的乡村振兴，尤其是要推进乡村与城镇的联动发展，进一步强化城乡融合、双向互动的发展格局。在丘陵地区，由于人口多、人均土地资源少、劳动力外流多，而且是四川省粮油安全的重心区域，要把空心村整治作为重点，提高粮油、果蔬等生产标准化、集约化和适度规模化水平。在山区，要针对山多、耕地少、气候条件差异大等特征，重点发展区域性特色优势产业，加强生态产业发展与生态环境保护一体化推进。在民族地区，要针对生态环境重要、贫困人口较多、产业基础薄弱但民族风情浓郁、旅游资源丰富等特征，重点发展各具特色的生态产业和乡村旅游业，加强乡村文明建设和保护优秀民族文化，增进民族团结。

二是分类型推进。乡村振兴虽然具有五大共同性的总体要求，但四川省不同地区的村庄衰退程度差异较大，在推进乡村振兴上各地并不在同一“起跑线”，也不能“齐步走”，应因地制宜分类型推进。对有一定产业发展基础，基础设施、公共服务设施较为完善，宜居宜业的村庄，积极引导农村人口适度集中居住和吸引农民工回乡及城市人下乡创业，集聚要素、激活产业、优化环境、提高活力，建设生态宜居美丽村庄。对有天然区位优势的城市郊区村庄，发挥城市的辐射带动作用，加快推进城乡规划布局、产业发展和基础设施、公共服务的深度融合，更大力度扩大城乡之间要素的双向开放，实现城乡联动和共同发展。对自然遗产、文化资源丰富的村庄，把改善农民生产生活条件与保护自然生态、文化遗产统一起来，传承保护历史文化古镇、传统村落、民族村寨和古建筑，大力传承弘扬四川省千年农耕文明。对地处偏远、环境恶劣、“一方水土养不起一方人”的村庄，实行移民搬迁；对于人口规模很少、衰退严重、基本功能丧失的空心村庄，实行撤并。

(6)“激活化”推进路径　实施乡村振兴战略，必须大力推进体制机制创新，强化乡村振兴制度性供给。“人、地、财”三要素集聚培育是乡村振兴的基础和核心，是决定乡村振兴战略实施效率和效果的关键因素。因此，要全面深化农村产权制度改革和城乡要素市场领域改革，探索城乡人才双向流动制度、农村投融资制度改革等相关领域改革的有效路径，构建起城乡要素自由流动和平等交换的体制机制，促进人才、土地、资本等要素向农业农村集聚，激发农业农村发展内生活力，推动实现四川省乡村全面振兴。

一是通过优化乡村人才引育机制激活人才要素。在市场经济条件下，遏制人才外流的根本方法只能是通过改变生存和发展的环境吸引农民工返乡、城市人下乡。因此，必须深度探索乡村人才培育和引进机制创新，构建以本土人才培育和外部人才引入双轮驱动的乡村人力资本累积政策。要培育新型职业农民，制定多层次、多形式的新型职业农民教育体系，建立初、中、高三级新型职业农民认证制度，改革农民培训制度，建立技术培训、学校教育等多种培训形式。依托农民专业合作社、产业化龙头企业、农业教育机构、农业科研机构等资源，建立以政府购买服务为主要形式的新型职业农民培训服务。要挖掘和培养乡村本土人才，充分发掘本地传统物质和非物质文化传承者、能工巧匠等，通过设立奖励基金、创业基金、传统文化技能工作室等方式，鼓励其做好传统文化的传承和发扬，同时通过职业认证、特聘专家、购买服务等形式激励本土技术攻关能人、农技推广能人、经营管理能人等人才积极参与本地乡村发展。要多元支持返乡下乡创业就业。在劳务输出大县建立乡贤信息库，在乡镇成立乡贤联谊会，在村社设立乡贤参事会，明确乡贤参与乡村治理的职责和方式。建立农民工返乡创业的多元激励机制，改善乡村创业环境，建立农民工创业政策落实责任制，并通过财政奖补方式激励各地加大对农民工返乡创业的融资、技术、税收等支持。针对城市人下乡创业面临的居住、社会治理等问题，通过创新农村土地制度、房屋制度、社会治理机制等吸引高端人才到农村居住和创新创业。要以多种形式引才引智，引导企业、合作社、集体经济组织以多种形式与技术专家、管理人才等合作，通过股权激励等形式建立长期合作关系。找准人才需求和乡村资源的契合点，在做好前期准入考核的基础上探索给予外来人才荣誉村民、特殊集体成员等权利，形成更稳定持久的非经济激励机制。要优化基层干部人才队伍，要完善培养、考核、选拔、任用机制，推动实现三农领导干部年轻化、专业化、专家化。建立青年公务员到乡村挂职制度、新进公务员到农村开展定期服务制度。推行村支部书记专职化、村支部书记兼任村委会主任。实施“一村一名大学生”工程。研究制定《引导和支持公职人员回乡任职办法》，探索在有条件的县（市、区）政协设立新乡贤界别。

二是通过深化农村土地制度改革激活土地要素。随着农村人口的大量外移，农村资源的实际人均占有、利用情况均发生了很大变化，人地分离、人房分离等情况十分普遍。在此背景下实施乡村振兴战略，必须进一步明确农村资源产权，健全农村产权实现机制，通过市场机制将资源转换成资本，激活耕地、林地、建设用地等土地资源为主的农村资源，为实现乡村振兴提供基础支撑和内生动力。要推进更加灵活的农村承包地“三权分置”实现形式。建立常态化的土地承包权矛盾纠纷解决机制，维护农民土地承包权益。以落实所有权和稳定承包权为前提，以放活经营权为重点，积极探索形式更加多样、利益联结模式更加多元的农村土地“三权分置”实现形式。建立市场化的土地流转价格评估机制、土地流转行为担保机制、金融风险分摊机制、土地收储机制和信用登记制度，提升土地流转价值。继续探索土地承包经营权退出机制，支持有条件的地区建立农村耕地收储基金。探索农村集体建设用地价值实现的多元形式，与乡村产业发展结合探索多元化的集体土地利用方式，鼓励集体预留建设用地指标并以土地指标入股等方式参与产业发展。推进大城市近郊农村与贫困乡村以“农对农”的方式实现集体建设用地指标漂移，共享土地增值收益。创新农村宅基地资产化利用方式。扩大农民宅基地及农房出租、转让的范围，为农村房屋交易搭建平台，在农村成立房屋租赁服务中心，农民取得合法手续并在手续齐全的情况下，允许进入市场交易、租赁、抵押等。结合村庄整体发展，探索宅基地有偿退出、入股、互换等方式，鼓励符合条件的农民自愿有偿退出宅基地，继续完善宅基地退出风险防范机制。

三是通过健全乡村投融资政策机制激活资本要素。资金外流、资本不足是农业农村发展面临的重要制约，因此，必须通过投融资制度改革，建立起财政资金、金融资本、产业资本与农民自有资金多渠道投入的乡村振兴投融资机制，提高财政资金使用效率，同时为金融资本和社会资本参与乡村建设提供有效路径及合理回报。探索灵活高效的财政资金投入机制。建立自下而上的资金需求表达机制，允许基层提出项目总体规划，并规划若干子项目，由各主管部门自行申报子项目并组织实施，根据建设环节的不同需求向上争取政策和资金，真正实现以项目整合带动资金整合。通过土地、存量资产、国有资产收益等注资的方式，灵活运用土地抵押贷款、信托投资计划融资等方式，多渠道筹措建设资金。鼓励财政与社会资本共同建立产业发展基金、专项奖励基金、投资风险基金等，引入市场化运行机制，提高财政资金使用效率。破解金融资本参与乡村建设的关键难题。拓展农村可抵押物范围，在总结试点地区经验和风险的基础上，完善并推广“两权”抵押贷款试点和土地流转收益保证贷款制度，探索以集体土地收益权、新居规划宅基地及房屋产权、土地结余指标预期收益权为抵押的融资方式。拓展农业保险范围、创新保险产品，扩大农产品目标价格指数保险、制种保险、特色农业保险覆盖范围，完善保险合同，做好合同条款的事前解释和确认工作。激励社会资本合理参与乡村建设。增强社会资本投入的持续性和长效性，在具备条件的地区，探索社会资本与农村集体合股进行建设，构建社会资本支持乡村建设的长效机制，对长期投入的企业和组织给予更精准的财政奖补、贷款贴息和配套项目投入支持。推进市（州）、县（区）乡村产业发展引导基金建设工作，帮助具备条件的农业产业龙头企业通过资本市场融资。帮助企业等做好项目的前期规划和评估，对社会资本做好风险提示，特别要控制无涉农经验的社会资本盲目进入农村。积极探索构建多元化的退出机制，为社会资本提供市场化的退出方式。完善农业项目 PPP 模式和政府购买服务项目的制度建设，做好 PPP 项目库、指导手册的编制工作，建立政府采购负面清单工作制度。

参考文献

鲍盛祥，2020. 乡村振兴战略背景下农村创业环境的治理与优化［M］. 上海：同济大学出版社.

蔡竞，2018. 产业兴旺与乡村振兴战略研究［M］. 成都：四川人民出版社.

蔡文成，2018. 基层党组织与乡村治理现代化：基于乡村振兴战略的分析［J］. 理论与改革（3）：62-71.

曹开研，蒋昕臻，2019. 互联网与乡村振兴［M］. 北京：中国农业出版社.

陈放，2018. 乡村振兴进程中农村金融体制改革面临的问题与制度构建［J］. 探索（3）：163-169.

陈国胜，2019. 农业品牌的道与术［M］. 北京：中国农业科学技术出版社.

陈建，2019. 乡村振兴中的农村公共文化服务功能性失灵问题［J］. 图书馆论坛，39（7）：42-49.

陈龙，2018. 新时代中国特色乡村振兴战略探究［J］. 西北农林科技大学学报（社会科学版），18（3）：55-62.

陈美球，廖彩荣，刘桃菊，2018. 乡村振兴、集体经济组织与土地使用制度创新——基于江西黄溪村的实践分析［J］. 南京农业大学学报（社会科学版）（2）：27-34，158.

陈润羊，2017. 西部地区新农村建设中环境经济协同模式研究［M］. 北京：经济科学出版社.

陈锡文，2018. 从农村改革四十年看乡村振兴战略的提出［J］. 行政管理改革（4）：4-10.

陈锡文，2018. 实施乡村振兴战略，推进农业农村现代化［J］. 中国农业大学学报（社会科学版），35（1）：5-12.

陈锡文，2019. 走中国特色社会主义乡村振兴道路［M］. 北京：中国社会科学出版社.

陈锡文，韩俊，2019. 乡村振兴制度性供给研究［M］. 北京：中国发展出版社.

陈相云，2018. 社会工作与乡村振兴：实践困境、价值亲和与专业突围［J］. 理论月刊（4）：151-156.

陈秧分，刘玉，李裕瑞，2019. 中国乡村振兴背景下的农业发展状态与产业兴旺途径［J］. 地理研究，38（3）：632-642.

陈秧分，王国刚，孙炜琳，2018. 乡村振兴战略中的农业地位与农业发展［J］. 农业经济问题（1）：20-26.

程开明，2010. 从城市偏向到城乡统筹　城乡关系演进特征研究［M］. 杭州：浙江工商大学出版社.

程莉，文传浩，2018. 乡村绿色发展与乡村振兴：内在机理与实证分析［J］. 技术经济，37（10）：98-106.

代改珍，2019. 乡村振兴的文旅密码［M］. 北京：中国旅游出版社.

党国英，2019. 关于乡村振兴的若干重大导向性问题［J］. 社会科学战线（2）：172-180.

丁胜，2018. 乡村振兴战略下的自发秩序与乡村治理［J］. 东岳论丛（6）：140-148.

豆书龙，叶敬忠，2019. 乡村振兴与脱贫攻坚的有机衔接及其机制构建［J］. 改革（1）：19-29.

杜伟，黄敏，2018. 关于乡村振兴战略背景下农村土地制度改革的思考

［J］. 四川师范大学学报（社会科学版），45（1）：12-16.
范建华，2018. 乡村振兴战略的时代意义［J］. 行政管理改革（2）：16-21.
方坤，秦红增，2019. 乡村振兴进程中的文化自信：内在理路与行动策略［J］. 广西民族大学学报（哲学社会科学版），41（2）：41-48.
费孝通，2006. 中国绅士［M］. 北京：中国社会科学出版社.
费孝通，2013. 乡土中国［M］. 北京：生活·读书·新知三联书店.
冯健，2012. 乡村重构　模式与创新［M］. 北京：商务印书馆.
冯兴元，孙同全，韦鸿，2019. 乡村振兴战略背景下农村金融改革与发展的理论和实践逻辑［J］. 社会科学战线（2）：54-64.
高昕，李国权，2018. 乡村振兴中的农户生产行为与农业发展方式研究［M］. 北京：中国农业出版社.
郭晓鸣，2018. 乡村振兴战略的若干维度观察［J］. 改革（3）：54-61.
郭晓鸣，张克俊，虞洪，等，2018. 实施乡村振兴战略的系统认识与道路选择［J］. 农村经济（1）：11-20.
郭远智，周扬，韩越，2019. 中国农村人口老龄化的时空演化及乡村振兴对策［J］. 地理研究，38（3）：667-683.
郭珍，刘法威，2018. 内部资源整合、外部注意力竞争与乡村振兴［J］. 吉首大学学报（社会科学版）（5）：102-108.
韩鹏云，2018. 乡村公共文化的实践逻辑及其治理［J］. 中国特色社会主义研究（3）：103-111.
韩旭东，杨慧莲，郑风田，2018. 乡村振兴背景下新型农业经营主体的信息化发展［J］. 改革（10）：120-130.
何广文，刘甜，2018. 基于乡村振兴视角的农村金融困境与创新选择［J］. 学术界（10）：46-55.
何仁伟，2018. 城乡融合与乡村振兴：理论探讨、机理阐释与实现路径［J］. 地理研究，37（11）：2 127-2 140.

何星，2019. 乡村振兴背景下民族地区旅游扶贫中的生态化建设——以阿坝州为例［J］. 云南民族大学学报（哲学社会科学版），36（2）：73-79.

何阳，孙萍，2018. “三治合一”乡村治理体系建设的逻辑理路［J］. 西南民族大学学报（人文社会科学版），39（6）：205-210.

贺雪峰，2003. 新乡土中国　转型期乡村社会调查笔记［M］. 桂林：广西师范大学出版社.

贺雪峰，2017. 谁的乡村建设——乡村振兴战略的实施前提［J］. 探索与争鸣（12）：71-76.

贺雪峰，2018. 城乡二元结构视野下的乡村振兴［J］. 北京工业大学学报（社会科学版），18（5）：1-7.

贺雪峰，2018. 关于实施乡村振兴战略的几个问题［J］. 南京农业大学学报（社会科学版）（3）：19-26，152.

洪文滨，2020. 乡村振兴看浙江［M］. 北京：社会科学文献出版社.

胡中应，2018. 社会资本视角下的乡村振兴战略研究［J］. 经济问题（5）：53-58.

黄建红，2018. 三维框架：乡村振兴战略中乡镇政府职能的转变［J］. 行政论坛，25（3）：62-67.

黄少安，2018. 改革开放40年中国农村发展战略的阶段性演变及其理论总结［J］. 经济研究，53（12）：4-19.

黄祖辉，2018. 准确把握中国乡村振兴战略［J］. 中国农村经济（4）：2-12.

霍军亮，吴春梅，2018. 乡村振兴战略背景下农村基层党组织建设的困境与出路［J］. 华中农业大学学报（社会科学版）（3）：1-8.

霍军亮，吴春梅，2019. 乡村振兴战略下农村基层党组织建设的理与路［J］. 西北农林科技大学学报（社会科学版），19（1）：69-77.

江维国，李立清，2018. 顶层设计与基层实践响应：乡村振兴下的乡村治理创新研究［J］. 马克思主义与现实（4）：189-195.

姜德波，彭程，2018. 城市化进程中的乡村衰落现象：成因及治理——“乡村振兴战略”实施视角的分析［J］. 南京审计大学学报，15（1）：16-24.

姜长云，2018. 实施乡村振兴战略需努力规避几种倾向［J］. 农业经济问题（1）：8-13.

姜长云，2018. 乡村振兴战略［M］. 北京：中国财政经济出版社出版社.

姜长云，2019. 关于实施乡村振兴战略的若干重大战略问题探讨［J］. 经济纵横（1）：10-18.

蒋永穆，2018. 基于社会主要矛盾变化的乡村振兴战略：内涵及路径［J］. 社会科学辑刊（2）：15-21.

蒋永穆，刘虔，2018. 新时代乡村振兴战略下的小农户发展［J］. 求索（2）：59-65.

金太军，施从美，2002. 乡村关系与村民自治［M］. 广州：广东人民出版社.

孔祥利，夏金梅，2019. 乡村振兴战略与农村三产融合发展的价值逻辑关联及协同路径选择［J］. 西北大学学报（哲学社会科学版），49（2）：10-18.

孔祥智，2018. 乡村振兴的九个维度［M］. 广州：广东人民出版社.

孔祥智，2019. 实施乡村振兴战略的进展、问题与趋势［J］. 中国特色社会主义研究（1）：5-11.

赖德胜，陈建伟，2018. 人力资本与乡村振兴［J］. 中国高校社会科学（6）：21-28，154.

李方，2018. 新时代乡村振兴的动力转型与村治逻辑［J］. 河南师范大学学报（哲学社会科学版），45（3）：30-34.

李国祥，2018. 实现乡村产业兴旺必须正确认识和处理的若干重大关系［J］. 中州学刊（1）：32-38.

李红波，胡晓亮，张小林，等，2018. 乡村空间辨析［J］. 地理科学进展，37（5）：591-600.

李松有，2019. 乡村振兴背景下村民自治分化的发展困境与突破——基于权力—资源关系的分析视角［J］. 求实（1）：96-108，112.

李铜山，2017. 论乡村振兴战略的政策底蕴［J］. 中州学刊（12）：1-6.

李玉恒，阎佳玉，宋传垚，2019. 乡村振兴与可持续发展——国际典型案例剖析及其启示［J］. 地理研究，38（3）：595-604.

李玉恒，阎佳玉，武文豪，等，2018. 世界乡村转型历程与可持续发展展望［J］. 地理科学进展，37（5）：627-635.

李章忠，胡雯，贾舒，2019. 四川乡村振兴发展研究报告［M］. 成都：西南财经大学出版社，2019.

李周，2018. 乡村振兴战略的主要含义、实施策略和预期变化［J］. 求索（2）：44-50.

梁爱文，2018. 乡村振兴视域下西部民族地区美丽乡村建设新探［J］. 黑龙江民族丛刊（5）：48-55.

梁栋，2018. 土地流转、阶层重构与乡村振兴政策优化［J］. 华南农业大学学报（社会科学版），17（5）：1-11.

梁栋，吴存玉，2019. 论乡村振兴的精准推进——基于农民工返乡创业与乡村振兴的内在逻辑与机制构建［J］. 青海社会科学（2）：122-128.

廖彩荣，郭如良，尹琴，等，2019. 协同推进脱贫攻坚与乡村振兴：保障措施与实施路径［J］. 农林经济管理学报，18（2）：273-282.

廖军华，2018. 乡村振兴视域的传统村落保护与开发［J］. 改革（4）：130-139.

林峰，2018. 乡村振兴战略规划与实施［M］. 北京：中国农业出版社.

刘长江，2019. 乡村振兴战略视域下美丽乡村建设对策研究——以四川革命老区 D 市为例［J］. 四川理工学院学报（社会科学版），34（1）：20-39.

刘海洋，2018. 乡村产业振兴路径：优化升级与三产融合［J］. 经济纵横（11）：111-116.

刘合光，2018. 激活参与主体积极性，大力实施乡村振兴战略［J］. 农业经济问题（1）：14-20.

刘合光，2018. 乡村振兴战略的关键点、发展路径与风险规避［J］. 新疆师范大学学报（汉文哲学社会科学版），39（3）：25-33.

刘锐，2018. 乡村振兴战略框架下的宅基地制度改革［J］. 理论与改革（3）：72-80.

刘锐，2019. 农村产业结构与乡村振兴路径研究［J］. 社会科学战线（2）：189-198.

刘润秋，黄志兵，2018. 实施乡村振兴战略的现实困境、政策误区及改革路径［J］. 农村经济（6）：6-10.

刘守英，熊雪锋，2018. 我国乡村振兴战略的实施与制度供给［J］. 政治经济学评论，9（4）：80-96.

刘双良，2018. 宅基地“三权分置”的权能构造及实现路径［J］. 甘肃社会科学（5）：228-235.

刘新卫，赵崔莉，2019. 乡村振兴视域中的农村土地整治［M］. 北京：知识产权出版社.

刘彦随，2018. 中国新时代城乡融合与乡村振兴［J］. 地理学报，73（4）：637-650.

刘彦随，龙花楼，陈玉福，等，2011. 中国乡村发展研究报告 农村空心化及其整治策略［M］. 北京：科学出版社.

刘志阳，李斌，2017. 乡村振兴视野下的农民工返乡创业模式研究［J］. 福建论坛（人文社会科学版）（12）：17-23.

刘祖云，张诚，2018. 重构乡村共同体：乡村振兴的现实路径［J］. 甘肃社会科学（4）：42-48.

龙花楼，屠爽爽，2018. 土地利用转型与乡村振兴［J］. 中国土地科学（7）：1-6.

龙花楼，张英男，屠爽爽，2018. 论土地整治与乡村振兴［J］. 地理学报，73（10）：1 837–1 849.

龙晓柏，龚建文，2018. 英美乡村演变特征、政策及对我国乡村振兴的启示［J］. 江西社会科学，38（4）：216–224.

陆益龙，2018. 乡村振兴中精准扶贫的长效机制［J］. 甘肃社会科学（4）：28–35.

吕宾，2019. 乡村振兴视域下乡村文化重塑的必要性、困境与路径［J］. 求实（2）：97–108，112.

罗必良，2017. 明确发展思路，实施乡村振兴战略［J］. 南方经济（10）：8–11.

罗其友，伦闰琪，杨亚东，等，2019. 我国乡村振兴若干问题思考［J］. 中国农业资源与区划，40（2）：1–7.

麻国庆，2019. 乡村振兴中文化主体性的多重面向［J］. 求索（2）：4–12.

倪梦责，2019. 中国旅游智库学术研究文库　乡村振兴战略与乡村旅游研究［M］. 武汉：华中科技大学出版社.

潘鲁生，2019. 美在乡村［M］. 济南：山东教育出版社.

蒲实，孙文营，2018. 实施乡村振兴战略背景下乡村人才建设政策研究［J］. 中国行政管理（11）：90–93.

钱再见，汪家焰，2019. “人才下乡”：新乡贤助力乡村振兴的人才流入机制研究——基于江苏省 L 市 G 区的调研分析［J］. 中国行政管理（2）：92–97.

乔惠波，2018. 德治在乡村治理体系中的地位及其实现路径研究［J］. 求实（4）：88–97，112.

任常青，2018. 产业兴旺的基础、制约与制度性供给研究［J］. 学术界（7）：15–27.

任路，李博阳，方帅，2018. 清远改革　以治理有效引领乡村振兴［M］. 北京：社会科学文献出版社.

孙学立，2018. 农村人力资源供给视角下乡村振兴问题研究［J］. 理论月刊（5）：128-132.

孙玉娟，2018. 我国乡村治理中乡规民约的再造与重建［J］. 行政论坛，25（2）：46-49.

索晓霞，2018. 乡村振兴战略下的乡土文化价值再认识［J］. 贵州社会科学（1）：4-10.

唐任伍，2018. 新时代乡村振兴战略的实施路径及策略［J］. 人民论坛·学术前沿（3）：26-33.

陶维兵，2018. 新时代乡村民俗文化的变迁、传承与创新路径［J］. 学习与实践（1）：133-140.

童禅福，2018. 走进新时代的乡村振兴道路 中国“三农”调查［M］. 北京：人民出版社.

王超，蒋彬，2018. 乡村振兴战略背景下农村精准扶贫创新生态系统研究［J］. 四川师范大学学报（社会科学版），45（3）：5-15.

王岱，杨琛，2018. 乡村振兴背景下农产品品牌战略研究［J］. 价格理论与实践（4）：134-137.

王景新，支晓娟，2018. 中国乡村振兴及其地域空间重构——特色小镇与美丽乡村同建振兴乡村的案例、经验及未来［J］. 南京农业大学学报（社会科学版），18（2）：17-26.

王敬尧，王承禹，2018. 农业规模经营：乡村振兴战略的着力点［J］. 中国行政管理（4）：91-97.

王宁，2018. 乡村振兴战略下乡村文化建设的现状及发展进路——基于浙江农村文化礼堂的实践探索［J］. 湖北社会科学（9）：46-52.

王茜，孟宪文，（美）朴清，2019. 乡村振兴战略与现代农业产业化［M］. 北京：中国农业科学技术出版社.

王曙光，郭凯，兰永海，2018. 农村集体经济发展及其金融支持模式研究［J］. 湘潭大学学报（哲学社会科学版），42（1）：74-78.

王颂吉，2016. 中国城乡双重二元结构研究［M］. 北京：人民出版社.

王习明，高扬，2018. 国家重点生态功能区贫困县乡村振兴之路［J］. 探索（4）：94-100.

王小茵，2020. 四川乡村振兴论［M］. 成都：四川人民出版社.

王鑫，2020. 乡村振兴与农村一二三产业融合发展［M］. 北京：中国农业科学技术出版社.

韦勉，刘小平，唐勇，2020. 乡村振兴之农村创业创新带头人［M］. 北京：中国农业科学技术出版社.

魏后凯，刘长全，2019. 中国农村改革的基本脉络、经验与展望［J］. 中国农村经济（2）：2-18.

魏后凯，闫坤，2018. 中国农村发展报告　新时代乡村全面振兴之路 2018 版［M］. 北京：中国社会科学出版社.

魏三珊，2018. 乡村振兴背景下农村治理困境与转型［J］. 人民论坛（2）：64-65.

温铁，2018. 生态文明与比较视野下的乡村振兴战略［J］. 上海大学学报（社会科学版），35（1）：1-10.

吴传钧，2001. 中国农业与农村经济可持续发展问题　不同类型地区实证研究［M］. 北京：中国环境科学出版社.

吴敬华，2019. 乡村振兴的浙江实践［M］. 北京：中国农业出版社.

吴理财，解胜利，2019. 文化治理视角下的乡村文化振兴：价值耦合与体系建构［J］. 华中农业大学学报（社会科学版）（1）：16-23，162-163.

吴理财，刘磊，2018. 改革开放以来乡村社会公共性的流变与建构［J］. 甘肃社会科学（2）：11-18.

吴晓燕，2018. 农村集体建设用地产权改革与基层治理转型研究［M］. 北京：人民出版社.

吴忠权，2018. 基于乡村振兴的人力资本开发新要求与路径创新［J］. 理论与改革（6）：44-52.

《乡村振兴战略 150 问》编写组，2018. 乡村振兴战略 150 问［M］. 北京：中国农业出版社.
向富华，2018. 乡村旅游开发：城镇化背景下“乡村振兴”的战略选择［J］. 旅游学刊，33（7）：16-17.
萧放，2019. 民俗传统与乡村振兴［J］. 西南民族大学学报（人文社会科学版），40（5）：28-36.
徐戈，陆迁，姜雅莉，2019. 社会资本、收入多样化与农户贫困脆弱性［J］. 中国人口·资源与环境，29（2）：123-133.
徐虹，王彩彩，2018. 乡村振兴战略下对精准扶贫的再思考［J］. 农村经济（3）：11-17.
徐勇，1997. 中国农村村民自治［M］. 武汉：华中师范大学出版社.
徐勇，2018. 乡村文化振兴与文化供给侧改革［J］. 东南学术（5）：132-137.
闫周府，吴方卫，2019. 从二元分割走向融合发展——乡村振兴评价指标体系研究［J］. 经济学家（6）：90-103.
严火其，刘畅，2019. 乡村文化振兴：基层软治理与公共性建构的契合逻辑［J］. 河南师范大学学报（哲学社会科学版），46（2）：46-51.
杨大蓉，2019. 乡村振兴战略视野下苏州区域公共品牌重构策略研究——以苏州为例［J］. 中国农业资源与区划，40（3）：198-204.
杨磊，徐双敏，2018. 中坚农民支撑的乡村振兴：缘起、功能与路径选择［J］. 改革（10）：60-70.
杨璐璐，2018. 乡村振兴视野的新型职业农民培育：浙省个案［J］. 改革（2）：132-145.
杨璐璐，2018. 乡村振兴战略视野的新型职业农民培育［M］. 北京：中国社会科学出版社.
杨仪青，2018. 城乡融合视域下我国实现乡村振兴的路径选择［J］. 现代经济探讨（6）：101-106.
杨瑜婷，何建佳，刘举胜，2018. “乡村振兴战略”背景下乡村旅游资源开发路径演化研究——基于演化博弈的视角［J］. 企业经济（1）：24-30.

姚洋，2018. 特色小镇建设　乡村振兴的重要途径［M］. 北京：中国社会科学出版社.

叶敬忠，2018. 乡村振兴战略：历史沿循、总体布局与路径省思［J］. 华南师范大学学报（社会科学版）（2）：64-69，191.

叶兴庆，2018. 新时代中国乡村振兴战略论纲［J］. 改革（1）：65-73.

银元，李晓琴，2018. 乡村振兴战略背景下乡村旅游的发展逻辑与路径选择［J］. 国家行政学院学报（5）：182-186，193.

尹成杰，2018. 实施乡村振兴战略推进新时代农业农村现代化［M］. 北京：中国农业出版社.

印子，2018. 乡村基本治理单元及其治理能力建构［J］. 华南农业大学学报（社会科学版），17（3）：107-114.

应小丽，2019. 乡村振兴中新乡贤的培育及其整合效应——以浙江省绍兴地区为例［J］. 探索（2）：118-125.

应星，2014. 农户、集体与国家　国家与农民关系的六十年变迁［M］. 北京：中国社会科学出版社.

于开红，付宗平，李鑫，2018. 深度贫困地区的“两山困境”与乡村振兴［J］. 农村经济（9）：16-21.

于法稳，2018. 新时代农业绿色发展动因、核心及对策研究［J］. 中国农村经济（5）：19-34.

余应鸿，2018. 乡村振兴背景下教育精准扶贫面临的问题及其治理［J］. 探索（3）：170-177.

郁建兴，高翔，2013. 从行政推动到内源发展　中国农业农村的再出发［M］. 北京：北京师范大学出版社.

袁金辉，乔彦斌，2018. 自治到共治：中国乡村治理改革40年回顾与展望［J］. 行政论坛（6）：19-25.

曾福生，蔡保忠，2018. 农村基础设施是实现乡村振兴战略的基础［J］. 农业经济问题（7）：88-95.

曾蓉，2019. 从文化视角探索乡村振兴的发展之路［M］. 北京：经济管理出版社.

张丙宣，华逸婕，2018. 激励结构、内生能力与乡村振兴［J］. 浙江社会科学（5）：56-63，157-158.

张诚，2019. 乡村振兴视域下乡村公共空间的多元价值［J］. 农林经济管理学报，18（1）：120-126.

张诚，刘祖云，2019. 乡村公共空间的公共性困境及其重塑［J］. 华中农业大学学报（社会科学版）（2）：1-7，163.

张芬，2020. 乡村振兴战略下农村文化建设研究［M］. 长春：吉林大学出版社.

张海鹏，郜亮亮，闫坤，2018. 乡村振兴战略思想的理论渊源、主要创新和实现路径［J］. 中国农村经济（11）：2-16.

张金岭，宋军令，王海，2019. 新乡建与乡村旅游［M］. 北京：中国旅游出版社.

张劲松，2018. 乡愁生根：发展不平衡不充分背景下中西部乡村振兴的实现［J］. 江苏社会科学（2）：6-16.

张军，2018. 乡村价值定位与乡村振兴［J］. 中国农村经济（1）：2-10.

张培刚，2014. 农业与工业化［M］. 北京：中国人民大学出版社.

张强，张怀超，刘占芳，2018. 乡村振兴：从衰落走向复兴的战略选择［J］. 经济与管理，32（1）：6-11.

张帅梁，2018. 乡村振兴战略中的法治乡村建设［J］. 毛泽东邓小平理论研究（5）：37-43，107.

张挺，李闽榕，徐艳梅，2018. 乡村振兴评价指标体系构建与实证研究［J］. 管理世界，34（8）：99-105.

张禧，毛平，赵晓霞，2018. 乡村振兴战略背景下的农村社会发展研究［M］. 成都：西南交通大学出版社.

张晓山，2017. 实施乡村振兴战略的几个抓手［J］. 人民论坛（33）：72-74.

张新文，张国磊，2018. 社会主要矛盾转化、乡村治理转型与乡村振兴［J］. 西北农林科技大学学报（社会科学版），18（3）：63-71.

张艺颉，2018. 乡村振兴背景下村民自治制度建设与转型路径研究［J］. 南京农业大学学报（社会科学版），18（4）：47-54，157.

张勇，2018. 农村宅基地制度改革的内在逻辑、现实困境与路径选择——基于农民市民化与乡村振兴协同视角［J］. 南京农业大学学报（社会科学版），18（6）：118-127，161.

张宇，朱立志，2019. 关于“乡村振兴”战略中绿色发展问题的思考［J］. 新疆师范大学学报（哲学社会科学版），40（1）：65-71.

张云华，2018. 农业农村改革 40 年主要经验及其对乡村振兴的启示［J］. 改革（12）：14-26.

张照新，2018. 以乡村振兴战略引领新时代农业农村优先发展［J］. 人民论坛·学术前沿（3）：34-39，77.

赵光勇，2018. 乡村振兴要激活乡村社会的内生资源——“米提斯”知识与认识论的视角［J］. 浙江社会科学（5）：63-69，158.

赵毅，张飞，李瑞勤，2018. 快速城镇化地区乡村振兴路径探析——以江苏苏南地区为例［J］. 城市规划学刊（2）：98-105.

郑风田，杨慧莲，2019. 村庄异质性与差异化乡村振兴需求［J］. 新疆师范大学学报（汉文哲学社会科学版），40（1）：57-64.

郑小玉，刘彦随，2018. 新时期中国“乡村病”的科学内涵、形成机制及调控策略［J］. 人文地理，33（2）：100-106.

中国扶贫发展中心，全国扶贫教育宣传中心，2020. 脱贫攻坚与乡村振兴衔接［M］. 北京：人民出版社.

钟霞，杨应策，李佐红，等，2019. 乡村振兴战略背景下农村集体经济发展机制研究［M］. 成都：四川大学出版社.

钟钰，2018. 实施乡村振兴战略的科学内涵与实现路径［J］. 新疆师范大学学报（汉文哲学社会科学版），39（5）：71-76，2.

周锦，赵正玉，2018. 乡村振兴战略背景下的文化建设路径研究［J］. 农村经济（9）：9-15.

周立，李彦岩，王彩虹，等，2018. 乡村振兴战略中的产业融合和六次产业发展［J］. 新疆师范大学学报（汉文哲学社会科学版），39（3）：16-24.

周少来，2018. 乡村治理结构之变与问题应对［M］. 北京：中国社会科学出版社.

朱成晨，闫广芬，朱德全，2019. 乡村建设与农村教育：职业教育精准扶贫融合模式与乡村振兴战略［J］. 华东师范大学学报（教育科学版），37（2）：127-135.

庄天慧，孙锦杨，杨浩，2018. 精准脱贫与乡村振兴的内在逻辑及有机衔接路径研究［J］. 西南民族大学学报（人文社会科学版），39（12）：113-117.

邹力行，2017. 乡村振兴战略研究［J］. 科学决策（12）：19-34.

Agnoletti M，2013. Italian Historical Rural Landscapes：Cultural Values for the Environment and Rural Development ［M］. Dordrecht ：Springer NetherlandsAkihisa N，Hiroshi O，2015. Revitalization of rural economies though the restructuring the self-sufficient realm ［J］. Japan Agricultural Research Quarterly，49（4）：383-390.

Berry D E，Seavey J W，1994. Assuring access to rural health services：The case for revitalizing small rural hospitals ［J］. Health care management review，19（2）：32-42.

Burgess R，Rohini P，2005. Do rural banks matter? evidence from the Indian social banking experiment ［J］. The American Economic Review，95（3）：780-795.

Burholt V，Christine D，2012. Research on rural ageing：Where have we Got to and Where are we Going in Europe? ［J］. Journal of rural Studies ，

28 (4): 432-446.

CaoY, Zhang X L, He L X, 2020. Collective action in maintaining rural infrastructures: cadre-farmer relationship, institution rules and their interaction terms [J]. Land Use Policy, 99: 105 043.

Carruthers, David V, 1997. Agroecology in Mexico: Linking environmental and indigenous struggles [J]. Society and Natural Resources, 10 (3): 259-259.

Chen H S, Wang X P, 2019. Exploring the relationship between rural village characteristics and Chinese return migrants' participation in farming: Path dependence in rural employment. [J]. Cities, 88: 136-143.

Chen X, 2019. The core of China's rural revitalization: exerting the functions of rural area [J]. China Agricultural Economic Review, 12 (1): 1-13.

Christian H, Gladwin B F, Long E M, et al, 1989. Rural entrepreneurship: one key to rural revitalization [J]. American Journal of Agricultural Economics, 71 (5): 1 305-1 314.

Cloke P J, 1978. Changing patterns of urbanisation in rural areas of England and Wales, 1961—1971 [J]. Regional Studies, 12 (5): 603.

Cullingworth J B, Vincent N, Trevor H et al, 2001. Town and country planning in the UK [M]. New York: Routledge.

Demurger S, Xu H, 2011. Return Migrants: The Rise of New Entrepreneurs in Rural China [J]. World Development, 39 (10): 1 847-1 861.

Derya Ni, Mehmet F T. Rural revitalization through territorial distinctiveness: The use of geographical indications in Turkey [J/OL]. Journal of Rural Studies, 2020. [2020-10-25]. http: //www. sciencedirect. com/science/article/pii/S0743016718303838.

Gao C L, Cheng L, Javed I, et al., 2019. An Integrated Rural Development Mode Based on a Tourism-Oriented Approach: Exploring the Beautiful Village Project in China [J]. Sustainability, 11 (14): 1-17.

Gao J L, Jiang W X, Chen J L, 2020 . Housing-industry symbiosis in rural China: A multi-scalar analysis through the lens of land use [J]. Applied Geography, 124: 102 281.

Ge X P, Zhu F, Yang Y J, et al., 2020. Probing influence factors of implementation patterns for sustainable land consolidation: Insights from seventeen years of practice in jiangsu province, china [J]. Sustainability, 12 (3576): 3576.

He S W, Liao H F, Li G D, 2019. A spatiotemporal analysis of county economy and the multi-mechanism process of regional inequality in rural China. [J]. Applied Geography, 111: 102073.

Hoggart, Keith, Angel P, 2001. What rural restructuring? [J]. Journal of Rural Studies, 17 (1): 41-62.

Hoggart, Keith, Henry B. 2015. Rural development: A geographical perspective [EB/OL]. London: Taylor and Francis, doi: 10. 4324/9781315659046.

HuangY F, Eddie C M, Zhou J M, et al., 2020. Rural revitalization in China: Land-Use optimization through the practice of place-making [J]. Land Use Policy, 97: 104788.

Jabbar A, Wu Q, Peng Ji C, et al., 2020. Synergies and determinants of sustainable intensification practices in pakistani agriculture [J]. Land, 9 (110): 110.

Jan D, Van D P, 2000. Revitalizing agriculture: Farming economically as starting ground for rural development [J]. Sociologia Ruralis, 40 (4): 497-511.

John K, 1994. Rural revitalization in Japan: spirit of the village and taste of the country [J]. Asian Survey, 34 (7): 634-646.

Jun H, 2020. Prioritizing agricultural, rural development and implementing the rural revitalization strategy [J]. China Agricultural Economic Review, 12 (1): 14-19.

Leite de Camargo, Regina aparecida, Aier de Oliveira, et al., 2012. Agricultura familiar, multifuncionalidade da agricultura e ruralidade: interfaces de uma realidade complexa [J]. Ciência Rural, 42 (9): 1 707-1 714.

Leo Huang, 2006. Rural tourism revitalization of the leisure farm industry by implementing an e-commerce strategy. [J]. Journal of Vacation Marketing, 12 (3): 232-245.

Li H Q, Nijkamp P, Xie X L, et al., 2020. A New Livelihood Sustainability Index for Rural Revitalization Assessment—A Modelling Study on Smart Tourism Specialization in China [J]. Sustainability, 12 (8): 3 148.

Liu SY, Wang R M, Shi G, 2018. Historical Transformation of China's Agriculture: Productivity Changes and Other Key Features [J]. China & World Economy , 26 (1): 42-65.

Liu Y S, Fang F, Li Y H, 2014. Key issues of land use in China and implications for policy making. [J]. Land Use Policy, 40: 6-12.

LiuY S, Li Y H, 2017. Revitalize the world's countryside [J]. Nature, 548 (7667): 275-277.

Li Y H, 2012. Urban - rural Interaction Patterns and Dynamic Land use: Implications for urban - rural Integration in China [J]. Regional Environmental Change , 12 (4): 803-812.

Li Y R, Liu Y S, Long H L, et al, 2014. Community-based rural residential land consolidation and allocation can help to revitalize hollowed villages in traditional agricultural areas of China: Evidence from Dancheng County, Henan Province [J]. Land Use Policy, 39: 188-198.

Luo G L, Wang B, Luo D Q, et al, 2020. Resaarch on spatial correlation between rural settlements and cultivated lands in poor mountainous areas in southwest china [J]. Fresenius Environmental Bulletin, 29: 5 860-5 869.

Markey S, Greg H, Don M, 2008. Challenging the Inevitability of Rural Decline: Advancing the Policy of Place in Northern British Columbia [J]. Journal of Rural Studies, 24 (4): 409–421.

Marty S, 1987. Revitalizing rural America [J]. Journal of Soil and Water Conservation, 42 (5): 321–324.

McGreevy S, 2012. Lost in translation: incomer organic farmers, local knowledge, and the revitalization of upland Japanese hamlets [J]. Agriculture and Human Values, 29 (3): 393–412.

McLaughlin K, 2016. Rural China is no Country for Old People [J]. Science, 352 (6283): 283–283.

Michael M, Larry D, 1996. Revitalizing rural America: a perspective on collaboration and community [M]. Chichester : John Wiley.

M. STRUSSOVA, 2005. Social and territorial identifications of the rural population and its activating potential [J]. Agricultural economics (Praha), 51 (12): 565–574.

Nazzaro C, Giuseppe M, 2016. The Common Agricultural Policy 2014—2020: Scenarios for the European Agricultural and Rural Systems [J]. Agricultural and Food Economics, 4 (1): 1–5.

Nelson L, Peter B , 2010. The Global Rural: Gentrification and Linked Migration in the Rural USA [J]. Progress in Human Geography, 35 (4): 441–459.

Osterud G, 2010. Farm Crisis and Rural Revitalization in South–Central New York during the Early Twentieth Century [J]. Agricultural History, 84 (2): 141–165.

Pahl R E, 1966. The Rural – Urban Continuum [J]. Sociologia Ruralis, 6: 299.

Rodefeld R D. 1978. Change in rural America: causes, consequences, and alternatives [M]. Saint Louis: C. V. Mosby Co.

Rowles G D, 1988. What's Rural about Rural Aging? an Appalachian Perspective [J]. Journal of Rural Studies, 4 (2): 115-124.

Rozelle S, Taylor J E, Alan deBrauw, 1999. Migration, Remittances, and Agricultural Productivity in China [J]. The American Economic Review 89 (2): 287-291.

Schultz T W, 1951. The Declining Economic Importance of Agricultural Land [J]. The Economic Journal, 61 (244): 725-740.

Tan M J, Yan X T, Feng W L, 2019. The Mechanism and Empirical Study of Village Rules in Rural Revitalization and Ecological Governance [J]. Revista de Cercetare si Interventie Sociala, 64: 276-299.

Tan X J, 2020. Thinking and Practice of Village Tourism Development Planning under the Strategy of Rural Revitalization —A Case Study of Rural Tourism Development Planning in Dongqiao Village, Wuxi County, Chongqing [J]. Sustainable Development, 10 (2): 182-186.

Terry M, Jonathan M et al, 1993. Constructuring The Countryside: An Approach To Rural Development [M]. London: University college London (UCL).

Thomas F H, 2013. Shrinking communities in Japan: Community ownership of assets as a development potential for rural Japan? [J]. Urban Design International, 18 (1): 99-109.

Thomas G, 1989. Johnson. Entrepreneurship and Development Finance: Keys to Rural Revitalization: Discussion [J]. American Journal of Agricultural Economics, 71 (5): 1 324-1 326.

Tolbert C M, Mencken F C, Lynn Riggs T, et al, 2014. Restructuring of the Financial Industry: The Disappearance of Locally Owned Traditional Financial Services in Rural America: Restructuring of the Financial Industry [J]. Rural Sociology, 79 (3): 355-379.

US Department Of Agriculture (Usda), 2012. Revitalizing Rural Americ: A Cooperative Extension System Response [M]. [S. I.]: BiblioGov.

WangP, Qi M N, Liang Y J, et al, 2019. Examining the Relationship between Environmentally Friendly Land Use and Rural Revitalization Using a Coupling Analysis: A Case Study of Hainan Province, China [J]. Sustainability, 11 (22): 1-19.

WangY H, Peng P H, Li Q, et al, 2020. Spatial Heterogeneity of Farmland Abandonment in the Sichuan Province, China [J]. Sustainability, 12 (8): 1-14.

Wan J, Su Y, Zan H, et al, 2020. Land functions, rural space governance, and farmers' environmental perceptions: A case study from the Huanjiang Karst mountain area, China (Article) [J]. Land, 9: 134.

Wood R E, 2010. Survival of Rural America: Small Victories and Bitter Harvests [M]. Kansas: University Press of Kansas.

Woods M, 2016. Engaging the Global Countryside: Globalization, Hybridity and the Reconstitution of Rural Place [J]. Progress in Human Geography, 31 (4): 485-507.

Wu B, Liu L, 2020. Social capital for rural revitalization in China: A critical evaluation on the government's new countryside programme in Chengdu. Land use policy, 91: 104 268.

Yang Z, Guo L Y, Liu Y S , 2019. Land consolidation boosting poverty alleviation in China: Theory and practice [J]. Land Use Policy, 82: 339-348.

Zekeri, Andrew A, 1993. Rural development—Multicommunity Collaboration: An Evolving Rural Revitalization Strategy edited by Peter F. Korsching, Timothy O. Borich and Julie Stewart [J]. Rural Sociology, 58: 306.

Zhao LQ, Liu S Y, Zhang W, 2018. New Trends in Internal Migration in China: Profiles of the New-Generation Migrants [J]. China & World Economy, 26 (1): 18-41.

ZhouYang , Li Y M, Xu C C, 2020. Land consolidation and rural revitalization in China: Mechanisms and paths [J]. Land Use Policy, 91: 104 379.

附件

四川省乡村振兴战略规划（2018—2022 年）

前　言

为全面贯彻党的十九大精神，深入学习贯彻习近平总书记对四川工作系列重要指示精神，认真落实省委十一届三次全会决策部署，根据中共中央、国务院印发的《乡村振兴战略规划（2018—2022 年）》和《中共四川省委、四川省人民政府关于实施乡村振兴战略开创新时代“三农”全面发展新局面的意见》，特编制《四川省乡村振兴战略规划（2018—2022 年）》。

本规划以习近平新时代中国特色社会主义思想为指导，按照产业兴旺、生态宜居、乡风文明、治理有效、生活富裕的总要求，在把握四川乡村发展规律和现状的基础上，明确阶段性目标任务，细化实化工作重点和政策措施，部署重大工程、重大计划、重大行动，确保乡村振兴战略落地落实。

本规划是指导各地、各部门编制本地规划和专项规划，分类有序推进乡村振兴的重要依据。

第一章　规划背景

党的十九大作出中国特色社会主义进入新时代的科学论断，提出实施乡村振兴战略的重大历史任务，在“三农”发展进程中具有划时代的里程碑意义。四川要切实抓住历史机遇，增强责任感、使命感、紧迫感，把乡村振兴战略贯彻好、规划好、实施好。

第一节　重大意义

四川地域广阔、地形地貌复杂，平原、丘陵、山地、高原均有分布，各地发展条件差异大，区域发展不协调、不平衡问题明显。同时，我省作为农业大省，乡村面积大、人口多，城乡之间发展不平衡、农村发展不充分的问题尤为突出。实施乡村振兴战略，坚持农业农村优先发展，促进城乡融合发展，加快推进农业大省向农业强省跨越，对决胜全面小康社会、建设经济强省，推动治蜀兴川再上新台阶，具有重大现实意义和深远历史意义。

实施乡村振兴战略是建设我省现代化经济体系的重要基础。农业是国民经济的基础，农村经济是现代化经济体系的重要组成部分。实施乡村振兴战略，深入推进农业供给侧结构性改革，构建现代农业产业体系、生产体系、经营体系，实现农村一二三产业融合发展，有利于推动农业从增产导向转向提质导向、增强我省农业创新力和竞争力，有利于擦亮四川农业大省金字招牌，为我省经济高质量发展奠定坚实基础。

实施乡村振兴战略是建设美丽四川的关键举措。农业是生态产品的重要供给者，乡村是生态涵养的主体区，生态是乡村振兴的最大优势。四川是长江上游重要的生态屏障和水源涵养地，实施乡村振兴战略，统筹山水林田湖草系统治理，补齐生态短板，加强农村人居环境整治，走生产生活生态融合之路，有利于构建人与自然和谐共生的新格局，实现百姓富、生态美的统一。

实施乡村振兴战略是传承发扬我省优秀传统文化的有效途径。四川素称“天府之国”，具有悠久的历史传承和深厚的文化底蕴，是我国农耕文明的重要发祥地之一。实施乡村振兴战略，传承天府农业精耕细作的优良传统和历史文化，挖掘农耕文明新内涵新价值，推进创造性转化、创新性发展，有利于在新时代焕发出乡风文明的新气象。

实施乡村振兴战略是健全现代社会治理格局的固本之策。社会治理的基础在基层，薄弱环节在乡村。四川村庄数量多、分布广，社会治理任务尤为繁重。实施乡村振兴战略，加强农村基层基础工作，健全党组织领导下自治、法治、德治相结合的乡村治理体系，有利于构建我省共建共治共享的现代社会治理新格局。

实施乡村振兴战略是实现我省全面建成小康社会的重要抓手。四川是全国 6 个扶贫任务最重的省份之一，同步全面建成小康社会的重点在农村，难点在“四大片区”，攻坚在深度贫困地区。实施乡村振兴战略，引导资源要素向农村贫困地区流动，有利于改善农村生产生活条件，有利于增进农民福祉，提高民生保障水平，促进农业全面升级、农村全面进步、农民全面发展，让全省农民走上共同富裕的道路。

第二节　振兴基础

党的十八大以来，四川坚定贯彻中央重大决策部署，坚持把“三农”工作作为全省工作的重中之重，认真践行新发展理念，统筹推动各项重点工作，全省农业农村发展取得了历史性成就，发生了历史性变革，为实施乡村振兴战略奠定了坚实基础。

深入推进农业供给侧结构性改革，农业强省建设迈出坚实步伐。以建基地、创品牌、搞加工为重点，加快构建现代农业产业体系，主要农产品供给保障能力稳步提高。2017 年，全省实现第一产业增加值 4 282. 8 亿元，居全国第 3 位。

粮食总产量 698. 2 亿斤，居全国第 7 位；油菜籽总产量 287. 8 万吨，居全国第 1 位。建成高标准农田 3 392 万亩、现代农业产业基地 4 200 万亩、现代林业产业基地 2 760 万亩、现代农业产业融合示范园区 230 个。全省“三品一标”品牌达到 5142 个，农产品加工业总产值达到 1. 3 万亿元，均居全国第 6 位。

全面深化农村改革创新，农村发展新动能不断涌现。农村土地承包经营权确权登记颁证基本完成，覆盖全省的农村产权流转交易市场初步建成，至 2017 年底，全省家庭承包耕地流转面积达到 2 134. 2 万亩，流转率达到 36. 7%。农村集体产权制度改革、土地制度改革、投融资机制改革等成效明显，农村资源要素初步激活，资本、技术、人才等返乡下乡积极性提高，各类新型经营主体达到 14 万个，农村创新创业和投资兴业蔚然成风。

切实加强城乡统筹发展，农村人居环境持续改善。城乡发展一体化迈出新步伐，2017 年，全省常住人口城镇化率达到 50. 79%。农村基础设施建设不断加强，水电路气房和信息化建设全面提速，建成幸福美丽新村 23 160 个，全省 50 286 个行政村实现了村村通电，农村基本公共服务达到新水平，村文化活动室占行政村总数的 82.28%，新型农村合作医疗制度参合率达到 99.69%。基层组织和民主法治建设不断加强，党在农村的执政基础得到进一步夯实。农村生态环境不断优化，长江上游生态屏障、美丽四川建设取得显著成效，森林覆盖率达到 38.03%，重要江河湖泊水功能区水质达标率达到 93%。

脱贫攻坚开创新局面，农民收入和生活水平明显提高。聚焦脱贫对象和深度贫困地区精准发力，脱贫攻坚取得重大阶段性胜利。2017 年，全省实现 15 个贫困县摘帽，3769 个贫困村退出，108.5 万贫困人口脱贫；完成易地扶贫搬迁 58 万人；农村贫困人口从 2012 年的 750 万人减少到 171 万人，贫困发生率从 11.5%下降到 2.7%，贫困地区发展的内生动力明显增强。全省农村居民人均可支配收入达到 12 227 元，比 2012 年增长 64.6%，农民收入增速连续 6 年高于城镇居民、高于全国平均水平，城乡居民收入比从 2012 年的 2.72：1 缩小到 2.51：1。

第三节　机遇挑战

从 2018 年到 2022 年，是实施乡村振兴战略的第一个 5 年，既有难得的机遇，又面临严峻的挑战。

从国际看，纵观世界农业农村现代化发展历程，在城镇化和工业化的早期阶段，发达国家也曾面临城乡发展不平衡、农村经济增速放缓、农村劳动力外流、耕地闲置和农村衰落等问题。通过积极探索实施乡村振兴战略，制定综合政策，改善农村基础设施，挖掘利用优势资源，培育特色产业，跨过中低收入陷阱，逐步实现乡村繁荣，成功扭转了城乡发展不平衡的态势，逐步实现了农业农村现代化。

从国内看，我国工业化已经进入中后期，伴随着城镇化和信息化的深入推进，乡村发展将处于大变革、大转型的关键时期。中央始终坚持把解决好“三农”问题作为全党工作的重中之重，不断加大对农业农村投入，我国农业现代化和社会主义新农村建设取得了历史性成就，各地积累了丰富的成功经验和做法，为推动乡村振兴提供了经验借鉴。

从四川看，全省上下正在深入实施“一干多支”发展战略，对内形成“一干多支、五区协同”区域发展新格局，对外积极融入“一带一路”建设和长江经济带发展，形成“四向拓展、全域开放”立体全面开放新态势，推动我省高质量发展，为加快建设经济强省奠定坚实基础。同时，我省正处于工业化城镇化双加速时期，城市和工商业对农业农村的带动能力不断增强，工业反哺农业、城市反哺农村的趋势将更加有力。四川乡村自然环境优美、文化底蕴浓厚，是乡村旅游的发祥地，随着农业个性化、多样化、优质化多种功能需求增加，农业农村的吸引力不断增强，新产业新业态蓬勃发展。城乡融合发展体制机制不断健全，城乡发展要素双向流动不断加快，农业农村成为投资兴业的热土，推动实现农业农村现代化迎来重要战略机遇期。

总体来看，实施乡村振兴战略的时间窗口和机遇窗口已经到来。但同时应当清醒地看到，我省农业大而不强、农村广而不美、农民多而不富的现实问题仍然突出，“三农”工作面临繁重任务。主要表现在：农业产业体系不优，农产品阶段性供过于求和供给不足并存，农村一二三产业融合发展程度较低，现代农业产业体系还不完善，农业强省建设任重道远。农村市场机制不活，要素市场建设滞后，土地市场、劳动力市场、金融市场、技术市场、信息市场尚未健全，农民适应生产力发展和市场竞争能力较弱。城乡协调发展不足，农村发展条件依然落后，基础设施互联互通较差，脱贫攻坚和民生保障任务较重，城乡基本公共服务和收入水平差距仍然较大，村庄空心化和老龄化现象普遍存在，延续乡村文化血脉、完善基层治理体系任务迫切而艰巨。农业农村开放程度不深，对外交往与合作的广度深度拓展不够，农产品出口水平低下，是全省经济开放格局中的滞后领域。

第二章　总体要求

按照到2020年实现全面建成小康社会和分两个阶段实现第二个百年奋斗目标的战略部署，2018年至2022年这5年间，既要在农村实现全面小康，又要为基本实现农业农村现代化开好局、起好步、打好基础。

第一节 指导思想

坚持以习近平新时代中国特色社会主义思想为指导，全面贯彻党的十九大精神，深入学习贯彻习近平总书记对四川工作系列重要指示精神，紧紧围绕统筹推进“五位一体”总体布局和协调推进“四个全面”战略布局，认真落实省委十一届三次全会决策部署，加强党对“三农”工作的全面领导，坚持稳中求进工作总基调，牢固树立和自觉践行新发展理念，落实高质量发展要求，坚持把解决好“三农”问题作为全部工作重中之重，坚持农业农村优先发展，坚持把实施乡村振兴战略作为新时代“三农”工作的总抓手，按照产业兴旺、生态宜居、乡风文明、治理有效、生活富裕的总要求，统筹推动乡村产业振兴、人才振兴、文化振兴、生态振兴、组织振兴，建立健全城乡融合发展体制机制，加快推进农业农村现代化，擦亮四川农业大省金字招牌，推动由农业大省向农业强省跨越，让农业成为有奔头的产业，让农民成为有吸引力的职业，让农村成为安居乐业的美丽家园。

第二节 基本原则

——坚持党管农村工作。毫不动摇地坚持和加强党对农村工作的领导，健全党管农村工作方面的领导体制机制，确保党在农村工作中始终总揽全局、协调各方，为乡村振兴提供坚强有力的政治保障。

——坚持农业农村优先发展。始终把“三农”工作作为全省工作重中之重，在干部配备上优先考虑、要素配置上优先满足、资金投入上优先保障、公共服务上优先安排，加快补齐农业农村短板。

——坚持农民主体地位。充分尊重农民意愿，维护农民根本利益，调动广大农民积极性、主动性、创造性，激活乡村振兴内生动力，持续增加农民收入，让广大农民在乡村振兴中有更多获得感、幸福感、安全感。

——坚持城乡融合发展。建立健全城乡融合发展的体制机制，推动城乡要素自由流动、平等交换，促进城乡在产业发展、公共服务、生态保护等方面全面融合，加快形成工农互促、城乡互补、全面融合、共同繁荣的新型工农城乡关系。

——坚持人与自然和谐共生。牢固树立和践行绿水青山就是金山银山的理念，落实节约优先、保护优先、自然恢复为主的方针，统筹山水林田湖草系统治理，严守生态保护红线，以绿色发展引领乡村振兴。

——坚持因地制宜有序推进。遵循乡村发展规律，规划先行、多规合一，分类推进、典型引路，既尽力而为，又量力而行，不搞层层加码，不搞一刀切，不搞形式主义和形象工程，久久为功，扎实推进。

第三节　发展目标

到2020年，初步构建城乡融合体制机制和政策体系，实施乡村振兴战略的工作格局基本形成，乡村振兴取得重要进展；主要农产品供给能力稳步增强，农村一二三产业融合发展水平进一步提升，基本构建起现代农业产业体系、生产体系、经营体系；农业资源统筹利用能力得到明显提升，初步形成一批具有较强竞争力和示范带动能力的农业企业集团；农村基础保障条件持续改善，完成路网、水网、电网、通信网建设；农村基本公共服务水平显著提高，农村人居环境明显改善；农村居民人均可支配收入持续稳定增长，解决区域性整体贫困，实现贫困县全部摘帽、贫困村全部退出、贫困人口全部脱贫，全面建成小康社会的目标如期实现。

到2022年，乡村振兴的制度框架和政策体系得到完善，主要农产品供给质量和保障能力显著提升，现代农业体系初步构建，农村一二三产业融合发展格局初步形成，农业对外合作能力加强；农村基础设施条件持续完善，“美丽四川·宜居乡村”农村人居环境显著改善；乡村优秀传统文化传承和发展更加有效，农民精神文化生活需求基本得到满足；以党组织为核心的农村基层组织建设明显加强，乡村治理能力进一步提升，现代乡村治理体系初步构建；城乡融合发展体制机制更加健全，农村基本公共服务水平进一步提升，农村居民收入水平持续稳定增长。

到2035年，乡村振兴取得决定性进展，农业农村现代化基本实现，农业强省基本建成；农村生态环境根本好转，宜居宜业、留住乡愁的生态宜居美丽乡村全面建成；城乡基本公共服务均等化基本实现，城乡融合体制机制更趋完善；文明乡风、良好家风、淳朴民风基本形成，乡村自治、法治、德治相结合的治理体系更加完善；城乡居民收入差距和生活水平差距显著缩小。

到2050年，乡村全面振兴，全面建成农业强省、实现农业农村现代化，美丽城镇与美丽乡村交相辉映、美丽山川与美丽人居有机融合，城乡居民实现共同富裕，农业强、农村美、农民富全面实现。

专栏1　四川省乡村振兴战略规划主要指标

分类	序号	主要指标	单位	2016年基期值	2020年目标值	2022年目标值	2022年比2016年增加〔累计提高百分点〕	属性
产业兴旺	1	粮食综合生产能力	万吨	3500	>3500	>3500	——	约束性
	2	农业科技进步贡献率	%	59	61	62	〔3〕	预期性
	3	农业劳动生产率	万元/人	2.2	3.3	4.0	1.8	预期性
	4	农产品加工产值与农业总产值比	——	1.9	2.4	2.6	0.7	预期性
	5	"三品一标"农产品数量	个	5136	5600	5800	664	预期性
	6	休闲农业和乡村旅游接待人次	亿人次	3.5	4.0	4.3	0.8	预期性
生态宜居	7	畜禽粪污综合利用率	%	60	75	80	〔20〕	约束性
	8	村庄绿化覆盖率	%	——	30	32	——	预期性
	9	对生活垃圾进行处理的村占比	%	89.5	90	>90	〔>0.5〕	预期性
	10	对生活污水进行处理的村占比	%	11.8	50	70	〔58.2〕	预期性
	11	农村卫生厕所普及率	%	57.3	85	>90	〔>32.7〕	预期性
乡风文明	12	村综合性文化服务中心覆盖率	%	82.3	95	98	〔15.7〕	预期性
	13	县级及以上文明村和乡镇占比	%	22.4	50	>50	〔>27.6〕	预期性

第三章　构建乡村振兴新格局

坚持乡村振兴和新型城镇化双轮驱动，统筹城乡国土空间开发格局，优化乡村生产生活生态空间，分类有序实现乡村振兴。

第一节　统筹城乡发展空间

按照主体功能定位，统筹推进城乡空间的开发、保护和整治，加强城乡规划衔接，坚持多规合一，加快形成城乡一体、协调发展的空间格局。

强化空间功能布局。加强国土空间管控，推进综合整治，形成高效、协调、可持续的国土空间开发格局。充分发挥主体功能区作为全省城乡空间开发保护基础制度作用，统筹各类空间性规划，按照不同主体功能定位，开展以县为单位的资源环境承载能力和国土空间开发适宜性评价，完善县域经济发展考核办法，科学划定生态保护红线、永久基本农田和城镇开发边界，合理设置生态、农业、城镇三大空间比例，构筑县域"三区三线"空间格局。

优化城乡空间结构。积极构建以城市群为主体形态，大中小城市、小城镇和乡村协调发展的城镇化发展格局，加快工业化城镇化互动融合发展，提升城镇地区对乡村的反哺能力，强化对农业农村的辐射带动作用，推动城镇化和农业现代化相互协调。强化大中小城市和小城镇产业协作协同，结合资源禀赋和区位优势，促进产镇融合，补齐基础设施、公共服务、生态环境短板，提升小城镇承载产业和吸纳人口的能力，着力发挥小城镇联结城市、带动乡村的作用。坚持"小而美"的宜居小城镇空间格局，完善城镇功能，推动形成类型多样、充满活力、富有魅力的全省特色小城镇发展新格局，实现以镇带村、以村促镇、镇村联动发展。建设美丽宜居乡村，坚持产村相融，科学布局新农村综合体和聚居点，做强中心村、特色村，发挥乡村多功能性，把村庄作为优质农产品供给、乡村文化传承和农民美好生活的空间载体。

加强城乡规划衔接。坚持区域一体、多规合一、功能互补，统筹谋划城乡人口、产业、公共服务、基础设施、生态环境、社会管理等布局，做到各类规划发展思路统一、目标任务一致、空间布局协调。着力发挥市县规划在规划体系中的重要基础性作用，推动市县规划改革创新，整合优化相关规划的空间管制分区，科学安排县域乡村布局、资源利用、设施配置等，将总体发展战略和各领域具体任务落实到空间布局上。完善镇村规划体系，发挥社会专业人才和乡村能工巧匠作用，推行乡村规划师制度，推动村庄规划管理全覆盖，合理确定村庄布局和规模，坚持改造、保护和新建相结合，建设立足乡土社会、富有地域特色、承载田园乡愁、体现现代文明的美丽四川新乡村。

依法调整乡镇行政区划。坚持实事求是、因地制宜，科学规划、合理布局，严格程序、逐级报批的原则，充分考虑区域地理环境和经济、社会、文化状况及人口密度、交通时空半径等因素，以有利于资源合理配置、推动经济社会协调发展，有利于行政管理、方便群众生产生活，有利于促进城乡一体化、提高城镇化水平，有利于资源要素集约、科学利用，有利于减轻财政负担、维护社会稳定为前提，采取合适方式，适时、适度、适当、依法调整优化乡镇行政区划。

第二节　优化乡村发展布局

坚持人口与资源环境承载能力相均衡、经济社会发展与生态环境保护相统一，合理有序构造优势明显、集约高效的生产空间，功能齐备、居住适宜的生活空间，山清水秀、价值突出的生态空间。

统筹利用生产空间。立足特色资源优势、环境承载能力、集聚人口和经济条件等，科学划分乡村经济发展片区，保护农业生产空间。推进以五大农产品主产区为主体的农业发展布局，把农产品主产区作为限制进行大规模高强度工业化、城镇化开发的区域，加快形成以盆地中部平原浅丘区、川南低中山区、盆地东部丘陵低山区、盆地西缘山区和安宁河流域农产品主产区为主体，其他农业地区为重要组成的发展格局。明确“四区四基地”优先发展区域，统筹推进农业产业园、科技园、创业园等各类园区建设，将乡村生产活动融入区域性产业链和生产网络之中。

合理布局生活空间。尊重乡村自然环境、生态规律及农业生产生活习惯的传统依存关系，坚持“小规模、组团式、微田园、生态化”建设模式，优化居民点规模和集聚形态。

以提升生产服务功能、生活品质为重点，合理布局基础设施和公共服务设施空间，明确用地规模和管控要求，引导生活空间尺度适宜、布局协调、功能齐全。保护和传承传统村落建筑风貌，注重融入时代元素，适应现代生活需要，强化空间发展的人性化、多样化，创新住宅功能，构建便捷的生活服务圈，推动田园变公园、农房变客房、劳作变体验，满足人们对田园式、慢节奏乡村生活的向往。

严格保护生态空间。坚持生态优先、绿色发展，统筹推动长江上游生态屏障建设，全面加强重点生态功能区保护，加快构建我省“四区八带多点”的生态安全格局。树立山水林田湖草是一个生命共同体的理念，健全耕地草原森林河流湖泊休养生息制度，加强对自然生态空间的整体保护，落实县（市、区）、乡镇农村环境保护主体责任，修复和改善乡村生态环境，提升生态功能和服务价值。分类实施产业准入负面清单制度，明确产业发展方向和开发强度，强化准入管理和底线约束。

第三节　分类有序推进乡村发展

充分认识乡村振兴任务的长期性，根据不同区域、不同类型村庄的发展基础和演变规律，突出问题导向和目标导向，不搞齐步走，推动乡村振兴健康有序进行。

分类区推进乡村振兴。立足发挥各地比较优势和缩小地区差距，在构建“一干多支、五区协同”区域发展新格局中，统筹推进我省乡村振兴。成都平原经济区重点围绕促进城乡融合发展，着力提高城镇化水平，率先整体实现农业农村现代化。川南经济区和川东北经济区重点围绕区域中心城市建设和区域协同发展，大力推进城镇基础设施和公共服务向农村延伸，推动城乡要素双向流动和资源合理配置，探索丘陵地区、盆周山区乡村振兴和农业农村现代化的有效路径。攀西经济区重点围绕国际阳光康养旅游目的地建设和易地扶贫搬迁，大力发展阳光生态经济，推进农文旅融合，结合特色优势农业发展和彝区脱贫攻坚推动乡村振兴。川西北生态示范区重点围绕国家生态文化旅游目的地、现代高原特色农牧业基地建设，大力发展生态经济，促进全域旅游、特色农牧业和民族工艺等绿色产业发展，结合藏区高质量推进脱贫攻坚，探索高原民族地区乡村振兴新途径。

分类别推进乡村振兴。根据不同村庄的发展现状、区位条件、资源禀赋等，把全省村庄划分为集聚提升类、城郊融合类、特色保护类和搬迁撤并类。以现有规模较大的中心村和其他仍将存续的村庄作为集聚提升类，科学确定村庄发展方向和重点，激活产业、提振人气，鼓励发挥自身比较优势，大力发展农业型村庄、工贸型村庄、休闲服务型村庄等专业化村庄。以城市近郊区及县城城关镇所在地的村庄作为城郊融合类，加快城乡产业融合发展、基础设施互联互通、公共服务共建共享，保留乡村田园风貌和生态特点，提高为城市发展服务和承接城市功能外溢能力，引导部分靠近城市的村庄逐步纳入城区范围或向新型农村社区转变。以自然历史文化特色资源丰富的村庄作为特色保护类，处理好保护、利用与发展关系，尊重原住居民生活形态、传统习惯和生态规律，注重保护历史文化及自然资源和传统建筑风格，保持村庄赖以生存发展的整体空间形态，弘扬四川千年农耕文明。以生产条件恶劣、生态环境脆弱、自然灾害频发的村庄作为搬迁撤并类，严格限制新建、扩建活动，实施农村集聚发展搬迁、易地扶贫搬迁、生态移民搬迁，统筹解决村民发展、生态保护等问题。

分时序推进乡村振兴。坚持稳中求进工作总基调，统筹处理好当前与长远、局部和全面、基础和顶层的关系，制定符合新时代要求的发展思路，做好乡村振兴战略实施时序安排，合理设定阶段性目标任务和重点，科学评估财政承受能力、集体经济实力和社会资本动力，实行差异化的政策举措，分步实施、精准发力、逐步深入，确保一张蓝图绘到底。在全面建成小康社会决胜期，继续打好蓝天保卫、碧水保卫、黑臭水体治理攻坚、饮用水水源地问题整治攻坚、农业农村污染治理攻坚等八大战役，以实干促振兴，加快补齐农业现代化和乡村建设短板，构建农业农村优先发展的制度环境，推动乡村高质量发展。在开启全面建设社会主义现代化国家新征程时期，重点加快城乡融合发展制度设计和政策创新，推动城乡公共资源均等配置和基本公共服务均等化，推进乡村治理体系和治理能力现代化，加快乡村全面振兴。

第四章　推动乡村产业高质量发展

坚持质量兴农、效益优先，以农业供给侧结构性改革为主线，念好“优、绿、特、强、新、实”六字经，加快转变农业发展方式，构建现代农业产业体系、生产体系、经营体系，推动乡村产业振兴。

第一节　提高农业综合生产能力

坚持藏粮于地、藏粮于技，用现代物质装备武装农业，用现代科学技术服务农业，用现代生产方式改造农业，推进农业科技创新和成果应用，提高农业综合生产能力，保障粮食安全和农产品有效供给。

加强粮食安全保障能力建设。以粮食基本自给为导向，严守耕地红线，全面落实永久基本农田特殊保护制度，到2022年，确保粮食播种面积稳定在9 000万亩以上，粮食生产能力稳定在700亿斤以上。加快划定和建设粮食生产功能区，打造一批产量稳定、技术先进、机制创新的粮食生产示范区。加快完善粮食现代物流体系，积极推进现代化粮食仓储物流基础设施和大型综合粮食物流园区建设，构建安全高效、一体化运作的粮食物流网络。健全粮食安全保障机制，全面落实粮食安全省长责任制，强化粮食质量安全保障。

加强耕地保护和建设。大规模推进土地整治，加快建成集中连片、旱涝保收、稳产高产、生态友好、适宜机械化作业的高标准农田，全面提高农业发展的物质技术支撑水平。

加强农田水利设施建设，大力发展高效节水灌溉，着力解决农业灌溉“最后一公里”问题，提高农业用水保障水平。实施耕地质量保护和提升行动，加强农业面源污染防控，大力开展耕地重金属污染治理试点示范和受污染区域土地修复工程，有序推进坡耕地水土流失综合治理，提升耕地质量，建立健全耕地质量调查和评价机制。

提升农业装备和信息化水平。加强科研机构、设备制造企业联合攻关，研发推广适用于四川地形地貌的农机具，特别是适宜山地耕作的小农机具。大力推进全程全面机械化发展，促进农机农艺高度融合，推进作物品种、栽培技术和机械装备集成配套，建设一批主要农作物生产全程机械化示范县。实施农业机械化信息化智能化融合工程，推进农业智能生产和农业智慧经营相结合，实现传统精耕细作、新一代信息技术与物质装备技术深度融合。以大数据、云计算和物联网等现代信息技术为支撑，开展信息感知、决策智控、智能调度导航等智能技术与产品研发，推进农田水利设施、农产品加工储运、农机装备等基础设施信息化改造，提高农业精准化水平。全面实施信息进村入户工程，鼓励互联网企业建立产销衔接的农业服务平台，加强农业信息监测预警和发布，提高农业信息综合服务水平。

专栏2　农业综合生产能力提升行动

（一）“两区”建管护。率先在“两区”（粮食生产功能区和重要农产品保护区）建立精准化建设、管护、管理和支持制度，构建现代农业生产数字化监测体系，建立生产责任与精准化补贴相挂钩的管理制度。

（二）高标准农田建设。围绕农业“两区”建设，优先确保口粮安全。开展土地整理、农田灌排渠系、田间道路（机耕道和生产道路）和耕地质量提升、农田生态环境保护等工程建设，实施宜机化改造，深入推进高标准农田建设的绿色转型。

（三）现代农业装备建设。建设主要农作物生产全程机械化示范县，推动装备、品种、栽培及经营规模、信息化技术等集成配套，构建全程机械化技术体系，促进农业技术集成化、劳动过程机械化、生产经营信息化。

（四）数字农业农村和智慧农业。发展数字田园、智慧养殖、智能农机，推进电子化交易。开展农业物联网应用示范县和农业物联网应用示范基地建设，全面推进村级益农信息社建设，加强智慧农业技术与装备研发，建设基于卫星遥感、航空无人机、田间观测一体化的农业遥感应用体系。

（五）优质粮食工程。完善粮食质量安全检验监测体系、粮食产后服务体系和开展“中国好粮油”行动，积极培育消费者认可的优质粮油产品。

（六）粮食安全保障调控和应急设施建设。重点支持集仓储、物流、加工、贸易、质检、信息服务等功能于一体的粮食物流（产业）园区，以及铁路和港口散粮运输系统建设，改造建设一批区域骨干粮油应急配送中心。

（七）高原牧业提升工程。加强畜牧业基础设施（牧道、暖棚、储草棚等）建设，大力开展草原沙化、鼠虫害治理，积极开展人工种草，加大优质草场建设力度，积极开展实用技术推广，提高改良繁育水平，引导草场合理流转，加快畜牧业基地建设，促进畜牧业向专业化、规模化经营迈进。

第二节 构建现代农业产业体系

以建基地、创品牌、搞加工为重点，着力推动农业由增产导向转向提质导向，加快构建现代农业产业体系，推动形成一批特色优势明显的全链条、高质量、高效益的现代农业产业集群，实现区域产业协同发展。

实施产业基地建设行动。以农产品主产区为主体，立足各地农业资源禀赋和比较优势，进一步巩固提升国家现代农业示范区，加快“三区三园”建设，促进主导产业区域布局优化。实施产业兴村强县行动，建设农业产业大基地，打造农业（林业、畜牧业）强县，加快优质粮油、薯类、蔬菜、水果、食用菌、花椒、核桃、蚕桑、竹木、茶叶、油橄榄、油茶、中药材、生猪、肉牛、肉羊、肉兔、淡水鱼、小龙虾等全产业链建设，建成全国优质粮油产品生产基地、全国优质特色农产品供给基地、国家商品猪战略保障基地、全国优质农产品加工基地和全国重要的战略性优质烟叶基地。加快建设与基地发展规模相适应的良种繁育基地，提高优质农产品供给能力。

实施“川字号”品牌创建行动。实施农业品牌化战略，加快品牌“孵化、提升、创新、整合、信息”五大工程建设，加强农产品质量认证体系建设，大力发展“三品一标”农产品，做大做强一批农产品区域公共品牌、企业品牌和产品品牌，创建一批省级有机产品认证示范区和农村产业融合发展示范区、特色农产品优势区、国家地理标志保护示范区、知名品牌示范区。实施“区域品牌+企业品牌”战略和大企业支撑大品牌策略，支持企业依法开展驰名商标认定保护工作，培育一批农业企业和农产品成为四川名牌，全力打造国内外驰名商标，不断提升川粮、川猪、川茶、川薯、川药、川桑、川菜、川果、川鱼、川竹等“川字号”品牌的市场竞争力和国际知名度。高质量打造“中国白酒金三角”，推动川酒振兴，提升“六朵金花”品牌辨识度和影响力。实施“互联网+”“供销 e+”“云背篓”“川粮网”等四川农产品品牌营销行动，扩大品牌传播力和影响力。加快建立农产品品牌评价体系，完善品牌认证登记保护、产品防伪标识使用和证后动态监管机制。

实施农产品加工业提升行动。全力构建以食品饮料为支柱，以轻工纺织、现代中医药为支撑，技术先进、安全健康、供给充足的现代农产品加工业体系，培育一批具有较强竞争力的农产品加工龙头企业。加快发展农产品产地初加工，支持贮藏、保鲜、烘干等加工设施建设，加强农产品产后分级、清洗、包装、营销，提升农产品产地商品化处理能力。大力支持特色农产品（食品）加工研发，突出抓好粮油、畜禽、茶叶、水产、水果、蔬菜（食用菌）、中药材、调味品、蚕桑、木本油料、竹类等特色农产品精深加工及副产物综合利用，优先发展名优白酒、肉食品、粮油、纺织服装、烟草、蔬菜、茶叶、中药材等千亿级产业。加大技术改造，促进农产品加工业转型升级，依托现代农业产业园、创业园、科技园，分层分级创建一批农产品加工示范园，实现农产品多层次、多环节转化增值。

实施农产品质量安全保障行动。建立农业绿色循环低碳生产制度，加强生态原产地产品保护示范区、国家级出口食品农产品质量安全示范区建设，创建国家农产品质量安全县（市）和省级农产品质量安全监管示范市。推进农业循环经济试点示范，大力推广种养结合循环农业发展模式和技术，整建制推进现代生态循环示范县、循环农业示范区建设。实施动植物保护能力提升工程，形成动植物检疫防疫联防联控。加强产地环境保护，完善农产品质量和食品安全标准体系，健全产地准出与市场准入衔接机制，加快建立农产品质量安全监测预警、追溯体系和食品质量安全保障体系，加快提升基层农产品质量安全监管、检测、执法能力，确保农产品质量安全例行监测合格率稳定在97%以上。

专栏 3　现代农业产业提升行动

（一）特色农产品优势区创建。围绕特色粮经作物产品、特色园艺产品、特色畜产品、特色水产品、特色林产品五大类，建成一批“全国知名、区域畅销”的特色农产品优势区，到 2022 年，创建并认定省级特优区 100

个，其中遴选达到“中国第一、世界有名”的推荐申报国家级特色农产品优势区15至20个。

（二）动植物保护能力提升。针对动植物保护体系、外来生物入侵防控体系的薄弱环节，通过工程建设和完善运行保障机制，形成监测预警体系、疫情灾害应急处置体系、农药风险监控体系和联防联控体系。

（三）农业品牌提升。加强农业品牌认证、监管、保护等各环节的规范与管理，提升我省农业品牌公信力。加强与大型农产品批发市场、电商平台、各类商超组织的合作，创新产销衔接机制，搭建品牌农产品营销推介平台，提高攀枝花芒果、蜀道、广元七绝、遂宁鲜、南充嘉作、巴食巴适、味在眉山、宜宾早茶、雅安五雅、资阳资味、净土阿坝、圣洁甘孜、大凉山等品牌的知名度。

（四）农产品加工业提升行动。大力发展农产品原产地初加工，着力推进农产品加工支柱产业发展，促进农产品加工业增品种、提品质、创品牌。积极培育壮大农产品加工经营主体，大力培养农产品加工业各类专门人才。重点推动农产品加工园区建设，到2020年，力争全省建成200个左右农产品加工园区，规模以上农产品加工业总产值达到1.5万亿元，初步形成技术先进、质量安全、绿色环保、带动力强的现代农产品加工产业体系，建成全国重要的优质农产品加工基地。

（五）农产品质量安全保障体系建设。扎实推进国家农产品质量安全县（市）和省级农产品质量安全监管示范市创建。加强产地环境保护，完善农产品质量和食品安全标准体系。完善省级农产品质量安全追溯管理信息平台，扩大应用覆盖面。加快提升基层农产品质量安全监管、检测、执法能力。健全产地准出和市场准入衔接机制。

（六）兴林富民行动。优化资源要素配置，构建布局合理、功能完备、结构优化的林业产业体系、服务体系，建立一批标准化、集约化、规模化现代林业产业基地。加快智慧林业发展，推动林区网络和信息基础设施基本全覆盖，建立林业基础数据库、资源监管体系、新型林区综合公共服务平台。大力推进森林生态标志产品认证，建立森林生态产品品牌保证监督体系和产品追溯体系，建设森林生态产品信息发布和网上交易平台。

（七）产业兴村强县行动。坚持试点先行、逐步推开，争取到2022年培育和发展一批产业强、产品优、质量好、功能全、生态美的农业强镇，培育县域经济新动能。

第三节 健全新型农业经营体系

坚持家庭经营在农业中的基础性地位，发展新型农业经营主体，发展多种形式适度规模经营，提高农业集约化、专业化、组织化、社会化水平，有效带动小农户发展。壮大新型农业经营主体。实施新型农业经营主体培育工程，鼓励通过土地经营权流转、生产托管等形式开展适度规模经营，构建家庭经营、集体经营、合作经营、企业经营等共同发展的现代农业经营体系，支持新型农业经营主体成为建设现代农业的骨干力量。支持专业大户和家庭农场发展，出台家庭农场注册登记办法，继续开展示范家庭农场创建活动。规范发展农民合作社，创建一批农民合作社示范社，推动专业合作、股份合作、社区合作等形式的农民合作社发展，支持农民合作社自愿组建联合社，着力构建新型基层供销合作社。发展壮大龙头企业，强化农业产业化龙头企业扶持和监管引导，实施农业产业化龙头企业"排头兵"工程，引导现有龙头企业通过兼并、重组、以商招商等方式做大做强，打造一批全国或全球的领军企业。支持龙头企业引领发展农业产业化联合体。培育以生产经营型为主、兼顾专业技能型和专业服务型的新型职业农民。

落实小农户生产扶持政策。统筹兼顾培育新型农业经营主体和扶持小农户，促进小农户和现代农业发展有机衔接，鼓励通过互换承包地、联耕联种、生产托管等方式实现连片耕种，支持小农户开展基础设施建设与管护，改善生产设施条件，提高小农户抵御自然风险能力和自我发展能力。建立完善小农户与农业经营主体利益深度联结机制，鼓励通过土地入股、股份合作、合同订单、专业合作、市场联合、技术联合等方式，提升小农户组织化程度，带动小农户专业化、标准化、集约化生产。建立健全小农户生产社会化服务机制，鼓励发展互联网、物联网等新型农业服务形式，支持供销、粮食、农机、金融等系统发挥小农户服务综合平台作用。

健全农业社会化服务体系。构建集信息、技术、生产、流通、金融、保险等服务于一体的现代农业社会化服务体系，发挥供销社组织和服务优势，实现基层社在县级以下服务网络的全覆盖。探索以县为单位建立农业社会化服务综合平台，为新型农业经营主体和农户提供综合性服务，破解服务下乡“最后一公里”难题。强化公益性服务机构建设，加强基层农技推广、植保植检、农产品质量安全监管、疫病防控、森林草原防火、粮食产后服务等能力建设。创新农业公益性服务供给机制和实现形式，扩大政府购买公益性服务机制创新试点，推进实施生产托管服务项目，支持科研机构、行业协会、新型农业经营主体和具有资质的经营性服务主体提供公益性服务。引导农业技术水平高、生产要素禀赋足、市场经营能力强的新型职业农民、返乡创业农民工、高校毕业生、退役军人领办创办农业经营性服务主体，开展农业生产托管服务，大力发展农业生产性服务业。

专栏4　现代农业经营体系建设重点工程

（一）新型农业经营主体培育。培育一批一二三产业融合、适度规模经营多样、社会化服务支撑、与“互联网+”紧密结合的各类新型农业经营主体。实施现代农业人才支撑计划，推进新型农业经营主体带头人轮训计划，实施农民合作社骨干人员、现代青年农场主、农村实用人才和新型职业农民培育工程，运用互联网信息化手段提供点对点服务。

（二）供销合作社培育壮大。全面深化供销合作社综合改革，支持供销合作社建立健全以联合社为主导的行业指导体系和以社有企业为支撑的经营服务体系，推动供销合作社高质量发展。大力推进基层社组织建设，实施“党建带社建、村社共同建”，积极发展生产合作、供销合作、信用合作、消费合作，增强为农服务能力。

第四节　推进农村一二三产业融合发展

坚持市场导向，推动农村产业深度融合，不断拓展乡村多种功能，培育农村新产业新业态，发展特色小镇，以完善多形式利益联结机制为核心，以制度、技术和商业模式创新为动力，发展壮大乡村产业。

推进农村产业深度融合。有效整合各类农业产业链，推动上中下游各环节有机衔接，促进农业产业链延伸，提升农业产业链整体竞争力。完善农产品加工政策，支持主产区发展农产品、畜产品和林产品初加工和精深加工。支持茶叶、中药材、水果、木本油料、花椒、花卉等功能成分提取技术研究，打造一批特色优质产品，实现农产品多环节、多层次转化增值。推进农业与旅游、文化、森林康养等产业深度融合，充分开发农业多种功能和多重价值，提升价值链。加快培育现代供应链主体，优化二三产业布局，鼓励供销、邮政和大型商贸物流企业加快在乡镇和中心村经营布局，建立各类形式的产销联合体，发展农超、农社、农企、农校等产销对接的新型流通业态。

激发农村产业新动能。深入挖掘农业农村生态涵养、休闲观光、文化体验及康养等新价值，促进农业功能从提供物质产品向提供精神产品拓展，从提供有形产品向提供无形产品拓展。加速新理念、新技术向农业农村融合渗透，促进“农业+旅游”“农业+康养”“农业+文创”等产业融合，着力培育农村新产业新业态，特别是推动竹产业多业态发展。加快发展休闲农业和乡村旅游，培育一批乡村旅游强县强企，推动农林牧渔等产品向旅游商品转化。依托农村产业融合发展试点示范县、现代农业产业融合示范园区、田园综合体建设等，打造农村产业融合发展综合平台，探索形成农业内部融合型、产业链延伸型、农业功能拓展型、新技术渗透型、产城融合型、多业态复合型等形式的农村产业融合模式。

大力发展特色小镇。依托我省丰富的生态旅游资源、特色农业资源和浓郁的乡村文化资源，引导和鼓励社会资本投入农业农村，大力发展特色农业、休闲观光、阳光康养、生态旅游、文化创意等类型的特色小镇，实现生产生活生态深度融合。

构建新型利益联结机制。加快构建以龙头企业为核心、农民合作社为纽带、家庭农场和专业大户为基础，联结千万农户的新型农业经营组织联盟，打造农村产业融合发展联合体。增强龙头企业的带动能力，吸引农民参与产业融合发展。提升农民组织化程度，以专业大户和家庭农场为基础支撑，挖掘土地、林木、资金等资源和资产潜力，鼓励与龙头企业开展专业合作、信用合作和社企合作。创新完善多种利益联结方式，支持农户与新型农业经营主体开展股份制或股份合作制，建立“产值分成”“寄托生产”“资产入股”等企业、村集体及农民多方利益联结新模式。引导龙头企业在平等互利基础上，与农户签订农产品购销合同，建立稳定的购销关系和契约关系，确保农户稳定收益。鼓励龙头企业采取设立风险资金、提供信贷担保、领办或参办农民合作社等方式，与农民建立稳定的利益联结机制。鼓励行业协会或龙头企业与合作社、家庭农场等设立共同营销基金，专项开展农产品销售，联合打造品牌，让农户更多分享产业链增值收益。

专栏5　农村一二三产业融合发展重大工程

（一）农产品公共服务平台建设。推动农产品流通企业与新型农业经营主体对接，通过订单农业、直采直销、投资合作等方式，打造产销稳定衔接、利益紧密联结的农产品全产业链条，加强全省性、区域性、田头市场三级产地市场体系建设。

（二）电子商务进农村综合示范县建设。支持具备条件的国家级贫困县开展国家级电子商务进农村综合示范项目建设，以农产品区域性电商平台为纽带，建立完善农村电商公共服务体系，到2020年实现深度贫困县全覆盖。

（三）休闲农业和乡村旅游精品工程。改造一批休闲农业村庄道路、供水、停车场、厕所等设施，树立和推介一批休闲农业和乡村旅游精品品牌，培育一批美丽休闲乡村、休闲农庄、休闲观光园区、国家森林步道、森林康养基地、森林人家、康养人家、精品民宿客栈、乡村主题度假酒店、乡村俱乐部、乡村旅游区（点）等精品。搭建发布推介平台，开展休闲农业和乡村旅游精品发布推介活动。

（四）农村一二三产业融合示范园创建。到2020年建成15个农村一二三产业融合发展示范园，通过复制推广先进经验，加快延伸农业产业链、提升农业价值链、拓展农业多种功能、培育农村新产业新业态。

第五节 强化农业科技支撑

深入实施创新驱动发展战略，推动农业科技支撑重大工程建设，以科技创新突破制约农业发展瓶颈，引领支撑农业转型升级和提质增效。

提升农业科技创新水平。强化农业基础研究，加快前瞻性基础研究和原创性重大成果突破。深入实施现代种业提升工程，加大绿色优质专用品种的培育、选育和引进，培育竞争力强的种业龙头企业，提高农业品种源头创新供给能力，争取建设国家级核心育种基地。加强优势特色产业技术和全产业链技术创新，攻克绿色、安全、高效种养殖及深加工关键技术，构建现代农业产业技术体系。培育符合现代农业发展要求的创新主体，加大农业科技领军人才和青年人才培养力度，建设国家现代农业产业技术体系四川创新团队。

打造农业科技创新平台。面向四川优势农业产业，支持建设重点实验室、技术创新中心、产业技术研究院、国际联合研发中心等创新平台。创建国家农业高新技术产业示范区，推动农业科技园区提档升级，建设面向全行业的科技创新基地，着力培育农业高新技术企业。争取国家级创新平台落户四川，建设农业科技区域协同创新联盟和创新中心，推动优势区域打造具有重大引领作用的创新高地。

加快农业科技成果转化应用。构建农业科技成果数据库，建立成果信息定期发布制度，制定落实重大科技成果转化清单。建设“星创天地”、科技特派员站点、产业技术服务中心、专家大院等成果孵化转化平台，加速农业科技成果转移转化。建立全域覆盖、运转高效的新型农村科技服务体系和基层农技推广体系。深化农业科技创新体制改革，完善符合农业科技创新规律的基础研究机制，建立差别化农业科技评价制度，落实科研成果转化及农业科技创新激励相关政策。

专栏6 农业科技创新支撑重大工程

（一）农业科技创新水平提升。加强农业面源污染防治、化肥农药减量增效、农业节水、农业废弃物资源化利用、绿色健康养殖、防灾减灾等关键技术研发，推进成果集成应用。示范推广突破性农畜新品种、病虫害绿色防控新技术、中高端特色新产品、标准化种养殖新技术、种养结合循环农业新模式。

（二）现代种业提升。加强农林业种质资源保护、育种创新、品种测试与检测、良种繁育、新品种田间展示等能力建设，建成布局合理、设施完备、功能完善、机制健全的现代种业体系。培育育、繁、推一体化种业龙头企业，加快推进现代种业发展。高标准建设国家南繁育种基地，推进四川国家级制种基地建设与提档升级。

（三）农业科技园区建设。突出农业科技园区的“农、高、科”定位，强化体制机制创新，推进农业科技园区建设，用高新技术改造提升农业产业，壮大生物育种、智能农机、现代食品制造等高新技术产业。

（四）农村“星创天地”。打造农村版众创空间，以农业科技园区、新农村发展研究院、科技型企业、科技特派员创业基地、农业科技专家大院、农民专业合作社等为载体，利用线下孵化载体和线上网络平台，面向科技特派员、大学生、返乡农民工、职业农民等建设100个“星创天地”。

第六节　建立农业农村开放新格局

围绕形成全省“四向拓展、全域开放”立体全面开放新态势，统筹利用好国际国内两个市场、两种资源，建立健全开放合作机制，形成完善扶持政策，搭建重要载体和支撑平台，以外带内、以内促外，推动形成全省农业农村对外开放合作的新格局。

建立开放合作机制。坚持统一领导、归口管理、部门负责、协调配合的原则，建立健全农业农村对外开放协调长效机制，研究制定扶持政策和发展规划，统筹解决重要事项和存在问题，协调推进农业重大国际性项目和国际化平台建设。研究出台“走出去”的支持政策，加强对企业参与国际产能合作投融资的指导。多种方式用好国际多双边机制，拓宽农业领域与相关国家在地方层面的合作渠道。发挥中国（四川）自由贸易试验区优势，不断提高出口农产品通关便利化水平。鼓励各地加强与“一带一路”沿线国家和地区在农业投融资、农产品国际贸易、农业技术创新等领域开展合作，重点支持一批有国际竞争力的企业在加工、物流、仓储、码头等资本和技术密集型行业、科技含量高的技术领域开展对外投资，提高对外投资层次和投资效益。鼓励大型农业企业提高自身国际化经营能力，建立效益风险评估机制。

强化农业投资风险管控，建立统一的农业境外投资预警机制，完善农业招商引资项目可行性研究评估制度。

搭建重要载体平台。主动融入“一带一路”建设和长江经济带发展，争创国家境外农业合作示范区和农业对外开放合作试验区，突出重点国家、重点地区、重点产品，带动农业优势产能国际合作，培育具有国际竞争力的龙头企业和企业集团，有效提升我省农业在国际市场的影响力和竞争力。

构建政府、企业、社会组织等共同参与的农产品宣传推介机制，加快四川农博会、川台农业合作论坛等形式的合作交流平台建设，支持“川字号”农产品参加国际性农产品、食品、美食类展会和推介会。加快中国天府农业博览园建设，打造引领四川乃至西部地区农业高质量发展的示范窗口。实施农业走出去、引进来战略。实施农业走出去战略，加强农业走出去配套体系建设，支持新型农业经营主体不断提升国际竞争力，鼓励国有农业企业和农业产业化龙头企业发挥引领带动作用，创新合作方式，形成农业对外合作整体优势。协同推进农业转型升级工程、“川字号”品牌建设与农产品走出去行动，鼓励各地针对国际市场需求开发并生产一系列特色产品，推动“川字号”农产品走向国际市场，提升我省农产品品牌价值和国际影响力。全面提升川菜直供港澳试点基地建设县（市、区）产品质量和生产能力，追踪、总结、复制试点经验，全面推动特色优势产品开拓更多海外市场。实施农业引进来战略，鼓励利用外资开展现代农业、产业融合、生态修复、人居环境整治和农村基础设施等建设。积极引进国外农业生产先进技术、优良品种、现代装备、经营模式、管理方式和现代服务，提升我省农业资源高效利用、高效种养技术、农产品精深加工等能力和水平。

专栏7 农业农村对外开放行动

（一）特色优势农产品出口提升行动。促进重点水果、蔬菜、茶叶、中药材、畜禽产品、林产品和水产品出口，建设一批出口示范基地，培育一批农产品出口企业，支持企业申请国际认证认可，参与国际知名展会。

（二）天府农业博览园建设。深入挖掘天府农耕文化，传承农耕文明，加快建设农业博览新业态展示区、中国农业“达沃斯”小镇、农博展示拓展区及大田农业产业区三大功能区，加快打造天府农耕文明博物馆。

（三）农业对外合作。支持农业对外合作企业在境内外建设育种研发、加工转化、仓储物流、港口码头等设施。加强农业对外合作人才培育，建立农业对外合作人才储备库。

第五章 建设美丽四川宜居乡村

牢固树立和践行绿水青山就是金山银山的理念，尊重自然、顺应自然、保护自然，统筹推进山水林田湖草系统治理，构建生活环境优美、生态系统健康、人与自然和谐共生的乡村发展新格局，让农村成为安居乐业的美丽家园，建设生态宜居美丽乡村，推动乡村生态振兴。

第一节 打造幸福美丽新村升级版

以提升村容村貌和完善农村基础设施为重点，以充分发挥农民主体作用为核心，创新理念和模式，把乡村建设成为生态宜居、富裕繁荣、和谐发展的美丽家园。

推进幸福美丽新村建设提档升级。坚持以推进城乡空间融合为重点，结合农村生产生活的实际情况，顺应地形、植被、水体等自然因素，推广“小规模、组团式、微田园、生态化”模式，全面实施扶贫解困、产业提升、旧村改造、环境整治、文化传承“五大行动”，建设“业兴、家富、人和、村美”的幸福美丽新村。加强农村住房规划和管理，突出乡土特色和地域民族特点，注重农房单体个性设计，宜建则建、宜改则改、宜保则保，分类推进彝家新寨、藏区新居、巴山新居和乌蒙新村建设。

加快农村土坯房改造。深入实施农村土坯房改造行动，坚持“拆保改建”相结合，不搞强拆强建、大拆大建，注重保护性改造，注重地域特色和文化传承，留住历史记忆。采取政府引导、农户自筹、社会帮扶、金融扶持等方式，加快完成农村土坯房分类改造整治任务。探索建立土坯房改造信贷风险分担机制，引导金融机构加大对纳入农村土坯房改造规划农户的金融支持，实行土坯房改造贷款贴息政策。提供多样户型图纸，制定多种建设方案，让农民群众自主选择、自主参与。加强土坯房改造监管，确保住房质量安全。

推动村容村貌整体提升。推进家园美化，突出不同区域的乡土特色、民俗风情，注意因形就势、依山傍水、错落有致，科学规划村庄和民居布局，大力提升农房设计水平，挖掘乡村建筑特色，展现特色鲜明的美丽乡村风貌。加快道路硬化，改善村内交通出行条件，基本解决村内道路泥泞、村民出行不便等问题。开展村庄绿化，积极植树造林，充分利用房前屋后、河塘沟渠、道路两侧闲置土地见缝插绿。实施照明亮化，分批完善村庄公共空间照明设施，建立健全设备设施管护机制。开展环境净化，整治农村人居环境、公共空间和庭院环境，集中清理私搭乱建、乱堆乱放、电气线路私拉乱接等现象，拆除废弃房屋圈舍和残垣断壁，引导农户整齐堆放生产工具、生活用品、农用物资等。保护乡土文化，保护传承乡村传统文化与历史建筑，对古镇、古村落和古民居进行针对性保护和合理利用，开展“四川最美古村落”创建行动。

加强农村土地综合整治。统筹开展农用地、农村建设用地、生态环境建设用地等农村土地整理和土地复垦，优化农村土地利用格局，提高农村土地利用效率。实施田水路林村综合整治，促进农村低效和空闲土地盘活利用，推进农用地规模经营。

第二节 整治农村人居环境

以农村垃圾、污水治理、“厕所革命”为重点，有序推进农村人居环境突出问题治理和监管能力建设，持续推进农村生产生活方式清洁化，全面提升农村人居环境质量。

推进农村生活垃圾治理。建立健全农村生活垃圾管理制度，将农村生活垃圾管理纳入现有管理部门职能范围。建立行政村常态化保洁制度，鼓励配备专职环卫管理人员，在行政村建立和完善保洁员、清运员、监督员“三员”队伍。全面推行“户集、村收、镇运、县处理”城乡环卫一体化模式，积极探索适合高原（三州）地区和地处偏远、生活欠发达地区的农村生活垃圾治理方式，建立“因地制宜、分类收集、村民自治、市场运作”的农村生活垃圾治理机制。推行适合农村特点的垃圾就地分类和资源化利用方式，开展农村生活垃圾分类和资源化利用试点示范。开展非正规垃圾堆放点排查整治，推广压缩式、封闭式收运方式，提高村庄垃圾集中收集点和转运设施的卫生水平。

推进农村污水治理。大力实施农村生活污水治理“千村示范工程”，开展农村生态清洁小流域建设，因地制宜实行污染治理与资源利用相结合、工程措施与生态措施相结合、集中与分散相结合的污水处理方式和运行维护模式，总结和推广适用于不同地区的农村生活污水治理模式。以乡镇政府驻地和人口规模较大的中心村为重点，分类确定排放标准，建立激励约束机制，推动城镇污水管网建设和处理能力向周边村庄延伸覆盖，确保农村污水得到有效处理。

推进农村“厕所革命”。按照群众接受、经济适用、维护方便、不污染公共水体的要求，结合各地实际普及不同类型的卫生厕所，统筹有关政策和资金，重点开展农村户用卫生厕所建设和旱厕改造，依托村委会、村民活动中心等公共场所配套建设乡村公共厕所，消除农村无厕户现象。实施粪污治理，推进农村厕所粪污无害化处理和资源化利用。探索完善乡村垃圾、污水、厕所运营管理体制机制，将厕所粪污治理与农村生活污水处理有效衔接，统一规划、建设和运行。加强教育和倡导，培育和提升公众的厕所文明意识。

推进农村生产生活方式清洁化。加强农业投入品规范化管理，健全投入品追溯系统，推进农药化肥减量施用，严格饲料质量安全管理。推行水产健康养殖，严格控制河流湖库投饵网箱养殖。加快推进种养循环一体化，建立农村有机废弃物收集、转化、利用网络体系。推进逐步建立农村清洁化能源体系，优化农村生活用能结构，提高能源使用效率，保护生态环境。

专栏8　生态宜居乡村建设行动

（一）农村垃圾治理。因地制宜确定农村生活垃圾处理模式，合理布局垃圾收运设施。建立健全村庄保洁体系，形成保洁项目承包制的市场运作模式。总结推广农村生活垃圾分类和资源化利用示范县经验。

（二）农村生活污水治理。有条件的地区推进城镇污水处理设施和服务向城镇近郊的农村延伸，在离城镇较远、人口密集的村庄建设污水处理设施，进行集中处理，在人口较少的村庄推广建设户用污水处理设施。开展农村生活污水治理“千村示范工程”，总结推广适用于不同地区的农村生活污水治理模式。加强技术支撑和指导，积极推广低成本、低能耗、易维护、高效率的污水处理技术。

（三）推进“厕所革命”。加快实施农村改厕，城市近郊区及其他环境容量较小地区村庄，加快推进户用卫生厕所建设和改造，同步实施厕所粪污治理。其他地区要按照群众接受、经济适用、使用和维护方便、不污染公共水体的要求，普及不同水平的卫生厕所。推进农村新建住房及保障性安居工程等项目配套建设无害化卫生厕所，人口规模较大村庄配套建设公共厕所。

（四）乡村水环境治理。整治乡村河湖水系，以供水人口多、环境敏感的水源及农村饮水安全工程规划建设的水源为重点，完成农村饮用水水源保护区（或保护范围）划定，加强农村集中式饮用水水源地保护。采取综合措施，逐步消除农村黑臭水体，推进农村河渠塘坝整治，提升农村水环境质量。开展水土保持清洁小流域建设，开展乡村湿地保护和综合治理工作，推进乡村湿地小区建设。

（五）村容村貌提升“六化”工程。推进家园美化，科学规划村庄和民居布局，提升农村建筑风貌和庭院环境品质。实施道路硬化，合理选择路面材料，改善村内交通条件。开展村庄绿化，到2022年村庄绿化覆盖率达到32%。实施照明亮化，分批完善村庄公共照明设施并加强管护。开展环境净化，整治农村人居环境、公共空间和庭院环境。保护利用乡土文化，加大869个省级以上传统村落保护利用力度，优选100个左右历史文化名村和传统村落实施“四川最美古村落”创建行动。

（六）美丽乡村建设。以建设美、经营美和传承美“三美同步”推进为重点，选择一批具有建设条件的乡村，着力充实和拓展美丽乡村建设内容，积极引导社会资本多元化投入，健全美丽乡村建设成果共建共享机制，打造美丽中国的乡村样板。

第三节 推进小城镇建设

充分发挥小城镇对乡村的辐射和引领作用，建设一批产业特色鲜明、形态适宜、发展水平高、示范带动作用强的特色小城镇，实现以城带乡、镇村联动发展。

促进小城镇多元发展。深化拓展“百镇建设行动”，培育一批各具特色、富有活力、宜业宜居的特色小城镇。在重点开发区重点打造一批加工制造、商贸物流、文化创意、科技教育等类型的特色小城镇，承接城市功能外溢，逐步形成为中心城市服务的配套卫星城镇。在农产品主产区重点打造一批现代农业、农产品加工、农旅结合、商贸物流等类型的特色小城镇，提升服务农村、带动周边的功能。在重点生态功能区重点打造一批森林观光、生态旅游、文化体验、休闲康养等类型的特色小城镇，将生态优势转化为经济优势，走可持续发展之路。

增强小城镇承载能力。深入推进产镇融合发展，依托工业强县、服务业强县、农业（林业、畜牧业）强县、生态强县和信息化强县行动计划，加快发展特色优势主导产业，实现特色产业立镇强镇富镇。实施城镇基础设施改造提升工程，加强道路、供水、供气、通信、污水垃圾处理等市政基础设施及山地公园、生态湿地、绿廊绿道等生态基础设施建设。优化公共服务设施配置，统筹布局建设教育、卫生、科技、文化、商贸、体育等公共服务设施，提高公共服务质量和水平，增强人口吸引力、集聚力。

创新小城镇发展机制。以经济发达镇行政管理体制改革为重点，深化扩权强镇改革，强化事权、财权和用地指标等保障，结合实际赋予试点镇同人口规模和经济社会发展相适应的管理权，进一步激发发展内生动力。

创新小城镇发展投融资机制，鼓励社会力量参与城镇投资、建设、运营和管理，支持小城镇基金、债券发行及政府和社会资本合作（PPP）项目等。加大对特色小城镇转移支付、对口支持，加强银政企合作，提升自我发展能力。创新服务管理机制，健全基层综合服务管理体系，提高城镇管理水平，营造良好的城镇发展环境。

第四节　加强乡村生态环境保护与修复

把山水林田湖草作为一个生命共同体，统一保护、统一修复，大力实施乡村生态保护与修复重大工程，完善重要生态系统保护制度，促进乡村环境稳步改善，自然生态系统功能和稳定性全面提升。

强化资源保护与节约利用。全面普查动植物种质资源，加强动植物种质资源保护利用。完善耕地、草原、渔业水域等农业资源环境管控制度，严格控制未利用地开垦，落实和完善耕地占补平衡制度，全面推进建设占用耕地耕作层土壤剥离再利用。在保证粮食安全和不影响农民收入的前提下，降低耕地开发利用强度，扩大轮作休耕试点。加强退化草地治理与改良，建立一批草原生态保护区。强化渔业资源管控与养护，在重要流域水生生物保护区实施全面禁捕，扩大水生生物增殖放流规模。按照农牧结合、种养平衡原则，推进畜禽粪污综合利用，发展种养结合循环农业，到2022年，畜禽粪污综合利用率达到80%。严格实行用水总量和强度控制，强化用水过程管理，深入开展大中型灌区农业节水综合示范，推进灌溉用水定额管理，建立节约高效的农业用水制度，推广畜牧渔业节水方式，稳步推进农村生活节水。加快农业面源污染综合治理，实施化肥农药零增长行动，集成推广高效施肥技术和农药防控技术，提高防治科学化水平。

推进废旧农膜和包装废弃物等回收处理，开展农膜使用全回收、消除土壤残留等试点，探索建立农膜生产者责任延伸制度，到2020年力争全省废旧农膜回收利用率达到80%。实施秸秆综合利用重点工程，开展秸秆全域综合利用试点示范，推进秸秆收储运体系建设，推进农业废弃物和农林产品加工剩余物资源化利用。到2020年，全省秸秆综合利用率达到90%以上，建设15至20个秸秆全域综合利用试点示范县。推广应用绿色新型建筑材料，引导建设节能低碳农村住宅。

实施生态修复重大工程。全方位开展大规模绿化全川行动。稳步推进天然林资源保护、退耕还林还草工程建设，实施长江防护林、森林质量精准提升工程，开展生态屏障、水源保护、土壤改良、森林碳汇等特种用途造林，加强矿山迹地、工程创面、灾损区域林草植被恢复，加快九寨沟震后生态修复。推进草原生态保护区建设，深入实施退牧还草工程，提高草原综合植被盖度。实施湿地保护修复工程，全面保护自然湿地，加强湿地面积总量管控，建设一批湿地保护与建设示范基地，推进湿地保护网络体系建设，划建一批湿地自然保护区、湿地公园和湿地保护小区。加强脆弱地区生态治理，实施川西藏区沙化土地治理工程、岩溶地区石漠化综合治理工程，开展干旱半干旱地区植被恢复试点，实施川西北民生项目木材替代行动。加强野生动植物保护，强化外来入侵物种风险评估、监测预警与综合防治。推进大熊猫国家公园体制试点工作。

建立健全水治理体系。落实河长制湖长制，把湖泊、重要天然湿地、水库、渠道全面纳入河长制湖长制工作。完善省、市、县、乡、村五级河长湖长责任体系，构建起责任明确、协调有序、监管严格、保护有力的河湖管理保护机制。

落实基层河段长巡河巡湖制度，深入开展河段长巡河巡湖和清河、护岸、净水、保水四项行动，推进河湖面貌和水生态环境整体改善。充分整合利用现有信息系统，加快河长制湖长制信息平台建设，打造一体化、同步化的河湖数据共享平台。严格督查考核和日常巡查监管，确保各项任务落到实处。加强水域岸线管理，依法划定河道管理范围。加强入河排污口规范整治，以沱江为重点着力开展重点流域水污染治理，加快黑臭水体整治。实施农村清洁河道行动，推进小流域生态治理。加强农村饮用水水源保护，大力推进农村集中式饮用水水源地保护区规范化建设。

完善生态环境保护制度。完善天然林保护制度，对天然林实行总量管理，逐步提高天然林管护补助标准，健全省级公益林补偿标准动态调整机制，支持有条件的地方开展以政府购买服务为主的公益林管护试点。健全草原产权制度，严格实施草原禁牧和草畜平衡制度，实施草原生态保护补助奖励政策，建立草原管护员绩效奖励机制。推进省级湿地生态补偿试点和退牧还湿试点。完善耕地地力保护补贴政策，保护农业生态资源。健全地区间、流域上下游之间横向生态保护补偿机制，探索建立生态产品购买、林业碳汇等市场化补偿制度。完善生态脆弱区生态修复机制，探索建立生态建设成果管护机制。加大对重点生态功能区的转移支付力度，完善生态保护成效与资金分配挂钩的激励约束机制。探索建立乡村环保员制度。

专栏 9　生态保护与修复行动

（一）农业节水综合示范。加强节水灌溉工程与农艺、农机、生物、管理等措施的集成与融合。因地制宜开展坡改梯工程建设，建设农业节水工程，改进耕作方式，推广秸秆覆盖保水等农业节水技术和节水抗旱品种。

（二）农业废弃物资源化利用。以畜禽粪污、病死畜禽、农作物秸秆、废旧农膜、农药包装废弃物、农产品副产物及加工副产物等废弃物为重点，建立标准化分类收集、规范化转运、专业化处理、商品化应用的运营机制，构建多元化、立体式、组合型资源化利用方式。

（三）化肥农药零增长行动。强化监测预警、统防统治、绿色防控，集成应用全程农药减量增效技术。深入推进粮食作物测土配方施肥工作，加大设施农业及蔬菜、果树、茶叶等园艺作物的测土配方施肥实施力度。集成推广一批水肥一体化、氮肥深施等高效施肥技术，不断提高肥料利用率。

（四）森林资源保护与建设。完成天然林资源保护二期工程公益林建设 200 万亩。建设国家储备林基地 300 万亩。实施森林质量精准提升行动，开展森林抚育 740 万亩、修复退化公益林 100 万亩。新建和改造沿江基干防护林带 300 万亩，重要湖（库）基干防护林 10 万亩。全面实施乡村绿化行动，严格保护乡村古树名木，重点推进村内绿化、围村片林和农田林网建设，完成乡村绿化 100 万亩。

（五）荒漠化、石漠化、水土流失综合治理。因地制宜实施封育保护、小流域综合治理、坡耕地治理等措施，到2020年，开展沙化土地治理80万亩、岩溶区治理180万亩、石漠化综合治理50万亩、干旱半干旱地区生态综合治理18万亩。到2022年新增综合治理水土流失面积3 660万亩。

（六）草原保护与修复。继续推进退牧还草、草原防灾减灾、鼠虫草害防治、严重退化沙化草原治理、农牧交错带已垦草原治理等重大工程，严格实施草原禁牧和草畜平衡制度，落实草原生态保护补助奖励政策，实施草原生态保护恢复3 000万亩，草原综合植被覆盖度达到85%以上。

（七）湿地保护与修复。全面加强湿地保护，在国家重要湿地、湿地自然保护区、国家湿地公园实施湿地保护与修复工程，对功能降低、生物多样性减少的湿地进行综合治理。加强湿地自然保护区、湿地公园和生态型河塘建设，新建和完善湿地公园60个，新增湿地保护面积7.5万亩，恢复湿地面积5.1万亩。

（八）水生生物保护行动。建立重点水域禁捕补偿制度，率先在水生生物保护区实现禁捕。引导和支持渔民转产转业，将渔船控制目标列入地方政府和有关部门约束性考核指标。继续清理“绝户网”和涉渔“三无”船舶。

（九）重点流域环境综合治理。加快推进重点流域水污染防治，对现状水质达到或优于III类的湖库水体开展生态环境安全评估，强化湖泊生态环境保护，加强重点湖库蓝藻水华防控。

（十）生物多样性保护。开展生物多样性调查和评估，摸清生物多样性家底。加强国家级和省级自然保护区基础设施、保护管理能力和标准化建设。保护和恢复濒危野生动物栖息地，积极开展拯救繁育和野化放归，在土地岭、泥巴山、黄土梁、拖乌山等地修复大熊猫基因交流走廊带300万亩，在岷山山系南部和大相岭山系各建1个大熊猫野化放归基地，在广元等市建设林麝野化放归基地。

第六章 打造乡风文明新乡村

以社会主义核心价值观为引领，坚持精神文明和物质文明一起抓，传承发展巴蜀优秀传统文化，持续推进农村公共文化建设和农村文化市场繁荣，焕发农村文明新气象，推动乡村文化振兴。

第一节　开展乡风文明建设行动

广泛开展农村精神文明建设主题活动，倡导科学文明生活，巩固和加强农村思想文化阵地建设，不断提高乡村社会文明程度。

培育和践行社会主义核心价值观。坚持教育引导、实践养成、制度保障三管齐下，深化中国特色社会主义和中国梦宣传教育，推动社会主义核心价值观日常化、具体化、形象化、生活化。把社会主义核心价值观融入法治建设和乡村社会治理，强化公共政策价值导向，探索建立重大公共政策道德风险评估和纠偏机制。推动基层党组织、基层单位、农村社区有针对性地加强农村群众性思想政治工作，加强对热点难点问题的应对解读，健全人文关怀和心理疏导机制。加强爱国主义、集体主义、社会主义教育，深化民族团结进步教育，弘扬民族精神和时代精神。加强红色文化爱国主义教育基地建设。大力实施时代新人培育工程，弘扬劳动最光荣、劳动者最伟大的观念，选树推出一批新时代农民先进模范人物。

加快推进文明村镇创建。深入开展全国和省级文明村镇创建，广泛开展“新家园、新生活、新风尚”活动和五好家庭、星级文明户、文明集市和寻找“最美家庭”等活动。完善文明村镇考核机制，推进文明村镇创建规范化、制度化，进一步提高县级及以上文明村和文明乡镇的占比。深化城乡结对共建文明活动，不断扩大文明单位与村结对的规模，帮助结对村提升管理能力和服务水平，在农村文化建设、文明创建、村庄建设、品质提升等方面更好地发挥作用。开展家风建设和好人好事评选活动，大力塑造文明乡风、良好家风和淳朴民风。

广泛开展乡风文明建设主题活动。广泛开展“崇德向善·厉行法治”“诚信·孝敬·勤俭”等主题教育，引导农民群众形成正确的道德准则。积极开展“传家风、立家规、树新风”活动，加强无神论宣传教育，引导群众抵制封建迷信活动和腐朽落后文化侵蚀。深入推进移风易俗，开展专项文明行动，遏制婚丧嫁娶大操大办、厚葬薄养、人情攀比等陈规陋习，培育新型农民，涵育文明乡风。推进城乡志愿服务工作，组织引导文化志愿者投身乡村文化建设，组织参与精神文化脱贫帮扶主题志愿服务活动。深入开展未成年人思想道德建设活动，探索推进乡村家长学校、儿童之家、少年宫建设。加强农村科普工作，提高农民科学文化素养。

第二节 丰富乡村文化生活

按照有标准、有网络、有阵地、有内容、有人才的要求，统筹城乡公共文化设施布局、服务提供、队伍建设，推动公共文化资源重点向乡村倾斜，为广大农民提供高质量的精神营养。

健全公共文化服务体系。实施乡村公共文化服务保障行动，落实乡村公共文化服务保障标准，加强村级综合文化服务中心（幸福美丽新村文化院坝）建设。以县级文化馆、图书馆为总馆推进总分馆制建设，开展以流动文化车为主要形式的流动文化服务。力争实现乡村两级公共文化服务全覆盖，打造农村“十里文化圈”。建立完善广播电视公共服务管理体制，统筹实施广播电视公共文化服务重大工程，加快推进数字广播电视户户通，整体提高广播电视公共服务效率。建设省、市、县应急广播平台，构建全省统一联动、互联互通、平战结合、快速高效的应急广播体系。提升高清制播供给能力，推进农村公益电影放映和乡镇数字影院建设。

鼓励和引导社会力量投资或捐助公共文化设施设备。完善公共文化设施管理运行机制，促进供需有效对接，提升服务效能。统筹实施文化扶贫工程和千村文化扶贫行动，重点抓好精神扶贫行动各项任务落实。

增加公共文化产品和服务供给。实施文化惠民工程，开展送文化下乡、戏曲进乡村进校园等活动，组织开展乡村文体竞技、民俗风情展、特色节庆等活动，依托村级活动阵地办好农民夜校，为农村提供更多更好的公共文化产品和服务。建立农民群众文化需求反馈机制，推动政府向社会购买公共文化服务，开展“菜单式”“订单式”服务。加强公共文化服务品牌建设。鼓励引导广大艺术家和文艺工作者深入生活、扎根人民，通过“结对子、种文化”等方式，开展文化结对帮扶。加强网络文化阵地建设，推动网络作品健康发展，催生更多网络文化精品。深入实施文化信息资源共享工程，加快乡镇出版物数字化发行网点、“书香天府·自助书屋”建设和农家书屋数字化升级改造，使农民群众能便捷获取优质数字文化资源。

广泛开展群众文化活动。培育挖掘乡土文化本土人才，支持乡村文化能人参与文化设施管理和活动组织。加强基层文化队伍培训，培养一支懂文艺爱农村爱农民、专兼职相结合的农村文化工作队伍。实施全民艺术普及行动，普及艺术常识，增加艺术知识。打造农民艺术节、少数民族艺术节、乡村音乐节和乡村艺术节等活动平台，传承和发展民族民间传统体育，广泛开展“村晚”、广场舞大赛等反映时代精神、形式多样的农民群众性文体活动。鼓励开展民族性节日民俗活动。开展“书香天府·农民读书月”“少儿报刊阅读季”等全民阅读活动。活跃繁荣农村文化市场，推动农村文化市场转型升级，加强农村文化市场监管。

专栏 10　乡村公共文化服务体系建设

（一）乡村公共文化服务保障行动。加大对贫困地区村级文化设施建设的支持力度，向深度贫困地区配送流动文化车，2020 年底前实现贫困地区村级综合文化服务中心全覆盖。对乡镇综合文化站和村文化室进行提档升级，在公共文化服务空白区建设数字文化驿站。将贫困县县级公共图书馆、文化共享工程乡镇基层服务点纳入公共数字文化建设项目，实现提档升级。

（二）农村文化惠民工程。大力开展送文化下乡、戏曲进乡村等活动，推进文化消费试点工作，采购符合广大农民群众精神文化需求的优秀文艺节目，深入到广大农村、乡镇、牧区开展送文艺下乡演出，丰富当地农牧群众文化生活。到 2020 年全省实现戏曲进乡村制度化、常态化、普及化。

（三）文化信息资源共享工程。全省公共图书馆、文化馆和基层综合性文化服务中心基本实现无线网络覆盖，县级以上公共图书馆均具备数字图书馆服务能力，50%以上的文化馆具备数字文化馆服务能力，推进村级综合文化服务中心和公共服务网点的信息化建设，构建县以上有队伍、乡镇有网点、村组有专人的三级服务体系。

（四）乡村文化创意行动。编制“四川乡村艺术节”总体方案，在“四川乡村艺术节”整体框架内，推出各具特色的“××之乡艺术节”，如熊猫之乡艺术节、竹文化之乡艺术节、石刻之乡艺术节、乡愁文化节、森林音乐节等，形成四川乃至全国乡村文化振兴系列品牌活动。

（五）乡村艺术创作扶持工程。建立省、市、县联动机制，组织优秀艺术家深入生活、扎根人民，深入基层乡村，建立帮扶创作联系点，结对子、种文化，重点扶持反映农业、农村、农民题材的艺术作品。

（六）少数民族地区艺术创作提升计划。开展省级与少数民族地区文艺院团结对帮扶，对反映民族地域风情、民族团结、民族自立自强的艺术作品给予重点扶持。推荐国家级、省级艺术人才培训和赛事活动中对民族地区艺术人才和作品给予倾斜。持续加大对民族地区乌兰牧骑演出队和藏戏团的扶持力度。

（七）乡土文化能人支持计划。依托“三区计划”文化工作者专项，进一步挖掘乡土文化人才，招募志愿者，开展文化结对帮扶，引导社会各界人士投身乡村文化建设，打造一支留得住、能传承、有热情的乡村文化人才队伍。落实政府购买公益岗位政策，为每个村招募1名文化志愿者。

（八）书香天府全民阅读体系建设。深入开展全民阅读活动，推进全民阅读进家庭、进社区、进校园、进农村、进企业、进机关、进军营，组织“四川好书”“书香之家”评选、“农民读书月”“全民阅读·报刊行”等重点活动，统筹实体书店、农家书屋、社区书屋、自助书屋、数字化发行网点、公共数字阅读终端和新时代文明传习中心建设融合发展，实现全民阅读线上线下协同推进。

（九）广播影视提档升级工程。统筹实施数字广播电视户户通、应急广播村村响、数字电影放映、数字农家书屋工程，加快实施高山无线发射台站改造、县级广播电视台制播能力提升、藏区州县广播电视节目覆盖工程，创新推进智慧广电融合网进社区、进乡村、进家庭，实施智慧广电无线网络热点工程、视听乡村、数字文化视听社区建设，广泛提供“零距离”政务、基层远程党教、农村电商等智慧广电业务应用，打造智慧乡村和幸福美丽新村升级版。

第三节 加强优秀传统文化保护利用

增强文化自信、坚定文化自觉，充分发挥优秀乡村传统文化的独特作用，加强乡村文化研究、保护、传承、利用，不断赋予其新的时代内涵，注重吸取城市文明及外来文化优秀成果，创造性转化、创新性发展。

保护传承乡村文脉。实施乡村文脉保护和传承行动，加强对农耕文化、孝道文化、林盘文化中优秀乡村文化遗产和巴蜀文化、红色文化、民族文化中优秀乡村文化资源的保护研究和转化利用。建立健全文物保护单位“四有”档案和传统村落“一村一档”，按照“一村一策”“一户一策”对传统村落、乡土建筑进行保护修缮。加强古村落、古民居、古树名木保护利用。实施乡村记忆工程，加强村志村史编撰整理，建设优秀乡村文化生产性保护示范基地和保护项目，打造一批民俗生态博物馆、乡村博物馆等专题博物馆。实施非物质文化遗产传承发展工程，大力开展乡村非遗资源调查工作，进一步完善非遗保护制度，加大对优秀民间艺术、手工技艺、民俗活动的传承保护力度，加强村落濒危非遗项目抢救保护。建设非遗专家队伍，支持各级非遗传承人依托乡土非遗资源优势，因地制宜开展传承传习活动。

开发利用乡村传统文化。坚持保护与开发有机结合，推动区域文化、农业、旅游、康养、教育等资源融合发展，促进优秀农耕文化遗产合理适度利用。划定乡村建设的历史文化保护线，保护好文物古迹、传统村落、民族村寨、传统建筑、农业遗迹、灌溉工程遗产，在科学规划、修旧如旧、保持原貌的基础上，适度打造传统村落和民族民俗精品文旅线路，推动乡土文化活态传承。盘活区域性、民族性特色文化资源，挖掘乡村特色文化符号，打造文化价值突出、民族特色浓郁、地域特色明显的传统村庄院落、川西林盘聚落。依托蜀锦、蜀绣、藏族唐卡、彝族火把节、羌族刺绣、绵竹年画、竹编木雕等国家级非物质文化遗产，加强藏、羌、彝、苗等少数民族文化资源的研究保护和开发利用。实施乡村历史文化展示工程，通过体验式、互动式、场景式等方式，最大限度重现乡村生产生活，为繁荣乡土文化、发展乡村经济搭建平台。

重塑乡村文化生态。实施乡村文化生态重塑行动，以中国（四川）民间文化艺术之乡、特色小城镇、美丽四川·宜居乡村等建设为载体，深入挖掘农耕文化精神和内涵，保护传承各具特色的民居、民宿原生形态，走特色化、差异化发展之路。保护好历史文化环境，把保护优秀乡土建筑作为城镇化发展的重要内容，把历史名城、名镇、名村保护纳入城乡规划，把优秀民族民间文化元素融入乡村建设，留住乡土气息，焕发乡村魅力。实施乡村文化创新人才培育工程，运用多种手段，建立激励机制，引导企业家、文化工作者、退休人员、文化志愿者等投身乡村文化建设，挖掘阐释优秀乡村历史文化、民俗文化、生态文化等的时代价值，展现历史古韵，重塑巴蜀之美。

专栏 11 优秀乡村文化遗产保护传承行动

（一）农耕文化保护传承。开展重要农业文化遗产展览展示，充分挖掘和弘扬巴蜀传统农耕文化，加大农业文化遗产宣传推介力度。

（二）传统村落保护利用。开展省级文物保护单位集中成片传统村落整体保护利用，加强文物抢救保护和展示利用。

（三）乡土建筑开发保护。推动有条件的乡土建筑申报为各级文物保护单位，不断探索保护利用新途径，鼓励合理适度利用。

（四）少数民族特色村寨保护与发展。遴选一批基础条件好、民族特色鲜明、发展成效突出、示范带动作用强的少数民族特色村寨，打造成为少数民族特色村寨建设典范。

（五）乡村古树名木保护。开展古树名木资源普查登记，制定分级保护措施，挂牌保护。实施珍贵树木培育保护计划，打造一批有知名度的古树群落和森林古道。

（六）非物质文化遗产传承发展工程。开展乡村非物质文化遗产资源普查，加强保护利用，建立传统工艺提升点，提升传统技艺水平，促进非遗与创意设计融合发展，促进非遗的保护传承。

（七）民间文化艺术之乡建设工程。在全省范围内建设一批特色鲜明、资源丰富、保障有力、充满活力的中国（四川）民间文化艺术之乡。

（八）乡村历史文化展示工程。利用传统民俗节日，开展春节庙会、元宵灯会等文化活动，打造一批有历史文化底蕴的乡村记忆馆，加强乡土文化传播。搭建乡村历史文化网上展播平台，加强历史文化线上传播。

第四节 发展乡村特色文化产业

实施“文化+”战略，加大文旅、文创企业培育，加快建设特色文化产业乡镇、文化产业特色村和文化产业群，塑造一批具有浓郁四川特色的知名乡村文化品牌。

深度挖掘乡村文化内涵。依托区域优势，充分利用乡村人文景观、民风民俗、农耕文明、自然生态、乡村风情等特有资源，深入挖掘和拓展乡村文化的内涵和外延，重新认识乡村价值，赋予乡村生产生活生态文化特质，积极推动乡村文化走上产业化道路，把丰富多彩的乡村文化资源转变为文化资本。围绕巴蜀文化、三国文化、红色文化、民族文化、民俗文化和川菜文化、川酒文化、川茶文化、竹文化等，研发现代文创精品，发展具有区域特色的乡村文化创意产业和文化事业。创新文化资源转换模式，依托乡村饮食、乡村民俗、乡村建筑等，讲好文化故事，使之转变成乡村的文化优势、吸引优势、经营优势，提升乡村文化附加值和竞争力。积极发展民间艺术，支持举办四川乡村文化旅游节，支持各地举办具有特色的文化活动、重大节庆活动和民俗表演，促进乡村文化资源与现代消费需求有效对接。

发展壮大乡村文化产业。实施乡村文化产业壮大行动，搭建项目推介平台，创新投融资模式，扶持一批创新力竞争力强的文旅和文创企业，建设一批“文创+农创+旅创”示范乡村和新型复合型示范园区，打造一批集农业文化创意、生态饮食体验、特色食材交易和观光旅游为一体的综合产业体。围绕乡村农事活动、节庆及民族、民俗题材等加快发展文化创意设计等新型文化业态。整合区域资源，精准定位市场，开拓“深度旅游”模式，建设游客参与性强的文化吸引项目，开发精品文化旅游线路，加强藏羌彝文化产业走廊、国家生态文化旅游融合发展试验区建设，着力打造乡村文化圈、文化带、文化脉络。培养乡村技艺传承人，支持开展传统技艺项目保护传承、宣传培训、研究开发、交流合作、制作销售等活动，打造具有民族特色和地方特色的传统手工艺产品。促进文旅深度融合发展，推动国家全域旅游示范区建设。

着力打造乡村文化品牌。实施乡村文化品牌培育行动，发挥乡土优势，彰显农村特色，集中挖掘整理村落文化和民俗文化，丰富和完善乡村文化内容，打造“四好”乡村文化品牌。以品牌核心价值提炼为重点，围绕刺绣、竹编、年画、唐卡、陶艺、漆器、井盐等传统技艺，推出一批在国内外具有一定影响力的优质特色创意产品，打造现代文创精品和特色公共文化品牌。实施乡村创意产品推广行动，以传统文化、地方特色优势产业及产品为基础，打造一批乡村文化旅游示范村、精品农（牧）家乐专业村。以专业市场为纽带，充分运用互联网技术，推动文化品牌推广与大数据营销结合，形成完整的品牌传播路线，推动乡村文化产品走出去。

专栏12　乡村文化产业繁荣行动

（一）乡村文化融合行动。实施“乡村文化+农业、旅游、生态、科技”融合工程，打造乡村文化融合示范区。

（二）乡村传统技艺振兴。建立四川乡村传统工艺振兴目录。实施乡村技艺传承人群研修研习计划，帮助乡村群众掌握一门手艺或技术，推动乡村技艺与市场结合，加强乡村技艺合作交流。支持具备条件的地区搭建平台，整合资源，提高传统工艺产品设计、制作水平，形成具有一定影响力的地方品牌。

（三）乡村特色文化产业发展行动。依托乡村文物、非物质文化遗产、农耕文化、民俗文化等，因地制宜打造一批具有巴蜀文化特色的乡村文化产业产品、企业和基地。

（四）乡村创意产品推广行动。加大乡村农副产品的文化植入力度，加强乡村农副产品的创意设计和品牌包装，注入体现地域特色的优秀设计元素，强化包装营销，打造一批以文化体验感知为导向的农副产品品牌。

（五）精品文化旅游线路打造行动。积极打造九寨沟旅游环线、大熊猫国际生态旅游线、成乐文化生态度假环线、蜀道三国文化旅游线、古蜀文明旅游线路、嘉陵江山水人文旅游线、“小平故里—华蓥山”红色旅游线、长征丰碑红色旅游线、川陕苏区红色旅游线等。

第七章　健全现代乡村治理体系

把夯实基层基础作为固本之策，建立健全党委领导、政府负责、社会协同、公众参与、法治保障的现代乡村社会治理体制，推动乡村组织振兴，打造充满活力、和谐有序的善治乡村。

第一节　加强基层党组织建设

以农村基层党组织建设为主线，突出政治功能，提升组织力，把农村基层党组织建成宣传党的主张、贯彻党的决定、领导基层治理、团结动员群众、推动改革发展的坚强战斗堡垒。

健全以党组织为核心的组织体系。坚持农村基层党组织领导核心地位，坚持乡村振兴重大事项、重要问题、重要工作由党组织讨论决定的机制。大力推进村党组织书记通过法定程序担任村民委员会主任和集体经济组织、农民合作组织负责人，推行村“两委”班子成员交叉任职。提倡由非村民委员会成员的村党组织班子成员或党员担任村务监督委员会主任。村民委员会成员、村民代表中党员应当占一定比例。

创新党组织设置，在以行政村为基本单元设置党组织的基础上，稳妥有序推进党组织按产业、区域联建共建，推行“强村带弱村、富村带穷村”行动，实现组织上统一领导。加强农村新型经济组织和社会组织党建工作。完善和落实村党组织定期听取村民委员会工作报告制度。推动农村基层党组织和党员在脱贫攻坚和乡村振兴中提高威信、提升影响。

把基层党组织建成坚强战斗堡垒。加强农村党员教育、管理、监督，推动“两学一做”学习教育常态化制度化，教育引导广大党员自觉用习近平新时代中国特色社会主义思想武装头脑，推动农村基层党组织全面进步全面过硬。严格党的组织生活，全面落实“三会一课”、主题党日、谈心谈话、民主评议党员、党员联系农户等制度。扩大党内基层民主，推进党务公开。加强党内激励关怀帮扶，定期走访慰问农村老党员、生活困难党员，帮助解决实际困难。加强农村流动党员管理，加大在青年农民、外出务工人员、妇女中发展党员力度。建立农村党员定期培训制度，着力提高党员队伍整体素质。重视发现和树立优秀农村基层干部典型，彰显榜样力量。持续整顿软弱涣散农村基层党组织，稳妥有序开展不合格党员处置工作，着力引导农村党员发挥先锋模范作用。

加强农村基层党组织带头人队伍建设。实施村党组织带头人队伍整体优化提升行动，注重从本村致富能手、外出务工经商人员、本乡本土大学毕业生、复员退伍军人党员中培养选拔，选优配强村党组织书记，大力实施基层党组织“千名好书记”培养引领计划和10万村级后备干部培育工程，实行村党组织书记县级备案管理。建立选派第一书记工作长效机制，全面向贫困村、软弱涣散村和集体经济薄弱村党组织派出第一书记。健全从优秀村党组织书记中选拔乡镇领导干部、考录乡镇机关公务员、招聘乡镇事业 编制人员等机制。

强化农村基层党组织建设责任与保障。推动全面从严治党向纵深发展、向基层延伸，严格落实各级党委尤其是县级党委主体责任，进一步压实县乡纪委监督责任，将抓党建促脱贫攻坚、促乡村振兴情况作为每年市县乡党委书记抓基层党建述职评议考核的重要内容，纳入巡视、巡察工作内容，作为领导班子综合评价和选拔任用领导干部的重要依据。坚持抓乡促村，整村推进、整县提升，加强基本组织、基本队伍、基本制度、基本活动、基本保障建设。加强农村基层党风廉政建设，强化对农村基层干部和党员的日常教育管理监督。推行村级小微权力清单制度，加大基层微权力腐败惩处力度，开展扶贫领域腐败和作风问题专项治理，严肃查处发生在惠农资金、征地拆迁、生态环保和农村“三资”管理领域的违法违纪问题，坚决纠正损害农民利益的行为，严厉整治群众身边腐败问题。全面落实村级组织运转经费保障政策。切实加强对农村基层干部的关心关爱，做到在政治上激励、工作上支持、待遇上保障、心理上关怀。

第二节　促进自治法治德治相结合

坚持自治为基、法治为本、德治为先，健全和创新村党组织领导的充满活力的村民自治机制，强化法律权威地位，以德治滋养法治、涵养自治，让德治贯穿乡村治理全过程。

深化村民自治实践。充分发挥村民在基层治理中的主体作用，加强农村群众性自治组织建设，完善农村基层民主选举、民主协商、民主决策、民主管理、民主监督机制，提高群众主动参与治理的积极性。创新基层治理模式，建立由村民委员会、驻村企事业单位代表、社会组织代表、流动人口代表、村民代表等利益相关方参与的协商制度，引导户籍居民和非户籍居民共同参与社区治理，建立多层次基层协商共治新格局。深入实施“四议两公开一监督”等工作机制，探索推行民选、民议、民建、民管的村级公益项目新模式。创新村民议事形式，完善议事决策主体和程序，落实群众知情权和决策权。全面建立健全村务监督委员会，推行村级事务阳光工程，以县（市、区）为单位修订完善村务公开目录，推进村级事务与乡镇（街道）政务联动公开，明确“三资”管理和公开办法，健全村务档案管理制度。积极探索村民自治的有效实现形式，充分发挥自治章程、村规民约在农村基层治理中的独特功能，弘扬公序良俗，组织村民制定村规民约，建立起以村规民约为重要载体的民主治村工作机制。

推进乡村法治建设。加快推进司法所和乡镇（街道）公共法律服务站、村（社区）公共法律服务工作室规范化建设，构建覆盖城乡居民的公共法律服务体系。持续深入开展“法律七进”活动，加强法律宣传教育，培养法律明白人，推动群众尊法学法守法用法。探索农村产权保护、农业市场运行、农村集体经济组织发展、“三农”支持保护等方面的地方立法，把政府各项涉农工作纳入法治化轨道。深入开展法治县（市、区）、民主法治示范村等法治创建活动，建立健全农村基层权力规范化运行体系，提高基层干部依法决策和依法治理水平。推进综合行政执法改革向农村延伸，推动执法队伍整合、执法力量下沉。健全落实社会治安综合治理领导责任制，完善农村社会治安防控体系，大力推进“雪亮工程”建设，加强县乡村三级综治中心规范化建设，建立集维稳、综治、纠纷化解、信访、民生等为一体的网格化服务管理模式。依法严厉打击农村非法宗教、邪教活动，制止利用宗教干预农村公共事务，继续整治乱建宗教活动场所、滥塑宗教造像等问题。坚决依法打击和惩治黄赌毒黑拐骗等违法犯罪活动，针对群众反映最强烈、最深恶痛绝的各类黑恶势力违法犯罪，大力开展扫黑除恶专项斗争，严厉打击农村基层黑恶势力和涉黑涉恶腐败及“保护伞”，保护农村居民人身权、财产权。持续开展“六无”平安村创建，不断提升人民群众幸福感、安全感。

提升乡村德治水平。深入挖掘乡村熟人社会蕴含的优秀道德规范，结合时代要求进行创新传承，强化道德教化作用。深入实施公民道德建设工程，推进社会公德、职业道德、家庭美德、个人品德建设，引导群众爱党爱国、向上向善、孝老爱亲、重义守信、勤俭持家。建立道德激励约束机制和道德评议机制，成立道德评议会，开办道德讲堂、文化礼堂等，开展德孝主题文化活动，引导农民自我管理、自我教育、自我服务、自我提高。广泛开展好媳妇、好儿女、好公婆等评选活动，开展寻找最美乡村教师、医生、村官、人民调解员等活动。建设新乡贤文化，在劳务输出大县建立乡贤信息库，在乡镇成立乡贤联谊会，在村社设立乡贤参事会，明确乡贤参与乡村治理的职责和方式，在有条件的县（市、区）政协设立新乡贤界别。深入宣传优秀基层干部、道德模范、身边好人的典型事迹，弘扬真善美。深化农村殡葬改革，倡导文明、健康、节地生态安葬方式，推进乡村公益性公墓建设。

第三节　夯实基层政权

科学设置乡镇政权机构，构建简约高效的基层管理体制，健全农村基层服务体系，夯实乡村治理基础。加强基层政权建设。面向服务群众合理设置基层政权机构、调配人力资源，不简单照搬上级机关设置模式。根据工作需要，整合基层审批、服务、执法等方面力量，统筹机构编制资源，整合相关职能设立综合性机构，实行扁平化和网格化管理。推动乡村治理重心下移，尽可能把资源、服务、管理下放到基层，提升乡镇政府公共服务和社会治理能力。

加强乡镇领导班子建设，有计划地选派省市县机关部门有发展潜力的年轻干部到乡镇任职。加大从优秀选调生、乡镇事业编制人员、优秀村干部、大学生村官中选拔乡镇领导班子成员力度。加强民族地区农村基层政权建设相关工作。

创新基层管理体制机制。明确县乡财政事权和支出责任划分，改进乡镇财政预算管理制度。推进直接服务民生的公共事业部门改革，加快审批服务便民化，实现群众就近便捷办事。对经济发达镇进一步下放审批和执法权限，推行“一支队伍管执法”。推动乡镇政务服务事项一窗式办理、部门信息系统一平台整合、社会服务管理大数据一口径汇集，不断提高乡村治理智能化水平。健全监督体系，规范乡镇管理行为。改革创新考评体系，强化以群众满意度为重点的考核导向。严格控制对乡镇设立不切实际的“一票否决”事项。

健全农村基层服务体系。实行基层公共服务清单制度，制定基层政府在村（社区）治理方面的权责清单，强化司法所在农村社区治理中的职能作用，推进农村基层服务规范化、标准化、法治化。整合优化公共服务和行政审批职能，推进社区服务规范化、标准化、信息化，打造城乡社区公共服务综合信息平台，推动与满足群众多元需求精准对接。在村庄普遍建立网上服务站点，逐步形成完善的乡村便民服务体系。在城乡结合部等“人口倒挂”较为突出的地方，完善非户籍人口参与当地社区治理的工作机制。探索构建村党组织领导下的农村居民自治服务管理机制，大力培育服务性、公益性、互助性农村社会组织，推进社会组织进农村、专业社工进农村、公益创投进农村。开展农村基层减负工作，集中清理对村级组织考核评比多、创建达标多、检查督查多等突出问题。

专栏 13　现代乡村治理重点工程

（一）乡村便民服务体系建设。按照每百户居民拥有综合服务设施面积不低于30平方米的标准，加快农村社区综合服务设施覆盖。实施“互联网+农村社区”计划，推进农村社区公共服务综合信息平台建设，培育发展农村社区社会组织，加强农村社区工作者队伍建设，健全分级培训制度。

（二）乡村公共法律服务体系建设。构建普惠高效便民的公共法律服务体系，增强以法治宣传、人民调解、法律咨询、法律援助为重点的公共法律服务能力。深入开展“法律进乡村”活动，落实“谁执法谁普法”普法责任制，在春节等重要时间节点和农闲时节集中开展法治宣传教育，把法律常识教育列入劳务培训学习内容，推行“一村一法律顾问”制度，充分运用以案释法、以调释法方式普法，广泛开展群众性法治文化活动，以群众喜闻乐见的方式传播法律知识。

（三）“民主法治示范村”创建。健全“民主法治示范村”创建标准体系，深入推进农村民主选举、民主协商、民主决策、民主管理、民主监督，推进村务、财务公开，实现农民自我管理、自我教育、自我服务，提高农村社会化法治管理水平。

（四）乡村基层组织运转经费保障。强化村级组织运转经费保障落实工作，开展定期检查督导，建立完善激励约束机制，健全公共财政支持和村级集体经济收益自我补充的保障机制，不断提高村级组织建设和运转的经费保障能力，为实施乡村振兴战略发挥基层组织的领导作用奠定基础。

（五）农村“雪亮工程”。加大农村公共区域视频监控系统建设力度，推进城乡视频监控连接贯通。探索将视频图像资源接到农村群众终端，及时有效发现和预警风险隐患。在农村地区基层党建、社会治理等领域逐步开展应用，提升社会治理精细化水平。建立健全“雪亮工程”人才引进、培养、激励机制。到2020年，基本实现农村地区全域覆盖、全网共享、全时可用、全程可控。

（六）农村社会治安防控体系建设。健全农村人防、技防、物防有机结合的防控网，增加农村集贸市场、庙会、商业网点、文化娱乐场所、车站码头、旅游景点等重点地区治安室与报警点设置，加强农村综治中心规范化建设，深化拓展农村网格化服务管理，加强农村消防、交通、危险物品、大型群众性活动安全监管，形成具有农村特色的社会治安防控格局。

第八章　切实保障和改善农村民生

按照抓重点、补短板、强弱项的要求，改善农村基础设施条件，提升基本公共服务保障水平，着力解决农民群众最关心最直接最现实的利益问题，满足农民群众日益增长的民生需求，让农民群众有更多实实在在的获得感、幸福感、安全感。

第一节　加强农村基础设施建设

统筹推进农村基础设施建设，加快城镇基础设施向农村扩展延伸，促进城乡基础设施互联互通，推动农村基础设施提档升级。

加强农村交通物流设施建设。全面推进“四好农村路”建设和示范创建工作，大力实施通乡油路、通村硬化路工程，引导具备条件的地区推进资源路、旅游路、建制村联网路和村内通组路建设。加快渡口改桥、破损通乡油路和通村硬化路整治、安全生命防护工程、村道窄路加宽、农村公路桥梁等建设。构建农村公路管理养护长效机制，提升管养规范化水平。推动城市公共交通线路向周边延伸，推进具备条件的建制村通客车。加快构建农村物流基础设施骨干网络，鼓励商贸、邮政、供销、运输等企业加大在农村地区的设施网络布局，加快普通铁路沿线货运站物流节点和主要流域水路航运通航能力建设。加快完善农村物流基础设施末端网络，推动县级仓储配送中心、农村物流快递公共取送点等建设，鼓励有条件的地区建设面向农村地区的共同配送中心。

完善农村水利基础设施。完善“五横六纵”引水补水网络，推进水利大提升行动，构建节约高效、承载有力的水安全体系。以纳入国家 172 项重大水利工程的李家岩水库、大桥水库灌区二期、向家坝灌区北总干渠一期等项目为重点，积极推进大中型水利工程建设，加快推进已成灌区续建配套节水改造。加快推进灾后水利薄弱环节建设，加强主要江河堤防、中小河流治理、病险水库（水闸）除险加固、山洪灾害防治项目和防汛抗旱能力建设。因地制宜建设农村“五小水利”工程。继续实施农村饮水安全巩固提升工程，强化水质水源保障，推进城乡供水一体化和农村饮水安全工程规模化标准化建设。深化农村水利工程产权制度与管理体制改革，健全基层水利服务体系，鼓励农民、村组集体、农民用水合作组织等参与工程建设经营。

构建农村现代能源体系。统筹谋划农村能源发展，优化农村能源供给结构，因地制宜开发太阳能、风能、地热能、生物质能等新能源，实现供能方式多元化。统筹城乡电网发展，实施新一轮农村电网改造工程，扩大电网覆盖范围，全面提升农村电网的供电质量、供电水平和服务能力，基本实现城乡供电服务均等化。推动供气设施向农村延伸，加快规模化大型沼气工程、新村集中供气工程、生物质炉灶等燃料清洁化工程建设，推进农村能源消费升级，大幅提高清洁能源在农村能源消费中的比重。大力发展“互联网+”智慧能源，全面提升农村能源消费智能化、高效化水平。深入推进农村能源生产和消费革命，探索建立农村能源革命示范区。

强化乡村信息化支撑。以“智慧乡村”为统领，大力推进全省农村信息化建设。加快农村宽带网络和第四代移动通信网络覆盖步伐，深入实施“宽带乡村”“光网四川”“视听乡村”“信息进村入户”等工程，推进宽带网络提速降费，完善电信普遍服务机制，扩大光纤宽带和4G网络在农村的有效覆盖。实施数字乡村战略，加快物联网、智能设备等现代信息技术与农村生产生活的全面深度融合，大面积推广适合农村、方便农民的信息化产品，完善村、县相关数据采集、传输、共享基础设施，建立健全数据采集、应用、服务体系，加快推进涉农数据资源整合利用和共享开放。推进乡村基层信息服务站点建设，拓展教育、医疗、就业、社保等生产生活服务功能，加快建设全省统一的网上政务服务平台，实现基层服务网点与网上服务平台无缝对接。推进农村信用信息数据库建设。

提高农村防灾减灾救灾能力。坚持以防为主、防抗救相结合，全面提升农村抵御极端气候、洪涝干旱、地震、地质灾害、火灾等灾害的综合防范能力。实施突发事件预警信息发布能力提升工程，加强农村自然灾害监测预报预警。加强防汛抗旱、防震减灾、防风抗潮等防灾减灾工程建设。强化气象为农服务，增强农业气象灾害监测预警、预报服务、应对准备、应急处置能力。全面深化森林、草原火灾防控治理。推进自然灾害救助物资储备体系建设，统筹防汛、防火等应急物资储备基础设施建设。加大应急避难场所建设，提升农村防灾减灾应急处理能力和公共服务水平。广泛开展防灾减灾宣传教育培训和应急演练，提升公众识灾避险与自救互救能力。全面开展九寨沟灾后恢复重建工作，增强灾区预警和防范能力。

专栏 14　农村基础设施建设工程

（一）农村公路建设。对具备条件的乡镇、建制村全部实现通硬化路，加强窄路基或窄路面路段加宽改建。对存在安全隐患的路段逐步增设安全防护措施，改造农村公路危桥。有序推进较大人口规模的撤并建制村通硬化路。到 2020 年实现乡镇、建制村通硬化路“两个 100%”。支持国有农场、林场、林区道路建设。

（二）农村交通物流基础设施建设。完善农村客货运服务网络，加快农村客运站场体系建设，加快推进客货运输农村综合运输服务站建设和改造。鼓励创新农村客运和物流配送组织模式，推进城乡客运、城乡配送协调发展。加快农村物流基础设施骨干网络和末端网络建设，支持农贸市场、农村“夫妻店”等传统流通网点改进提升现有设施设备，拓展配送等物流服务功能。到 2020 年，在行政村和具备条件的自然村基本实现物流配送网点全覆盖。

（三）大中型水利工程建设。加快建设武引二期灌区、毗河供水一期、升钟水库灌区二期、红鱼洞水库及灌区、李家岩水库、蓬溪船山灌区、土溪口水库、黄石盘水库、大桥水库灌区二期、宣汉白岩滩水库、青川曲河水库等一批大中型工程；加快推进江家口水库、龙塘水库及灌区、固军水库、亭子口灌区、永宁水库、青峪口水库、米市水库、三坝水库、毗河工程二期、资中两河口水库等一批大中型水利工程前期工作；积极开展引大济岷（含引青济岷）、长征渠引水、罐子坝水库及灌区工程规划和前期论证工作。

（四）农村水利基础设施建设。实施农村饮水安全巩固提升工程，到 2022 年农村集中式供水工程供水率达到 87%以上。完成都江堰等大型灌区续建配套节水改造任务，加快推进中小型灌区续建配套节水改造，加强小型农田水利设施建设。

（五）农村能源基础设施建设。因地制宜建设农村分布式清洁能源网络，开展分布式能源系统示范项目。推动农村沼气工程建设，鼓励农村能源多元化发展。开展农村可再生能源示范村建设。启动农村燃气基础设施建设，扩大清洁气体燃料利用规模。农村电网供电可靠率达到99.8%，综合电压合格率达到97.9%，户均配变容量不低于2千伏安。引导农村居民因地制宜使用天然气，宜罐则罐、宜管则管，采用管道天然气、压缩天然气、液化天然气、液化石油气等形式，提高农村天然气覆盖面和通达能力。

（六）农村新一代信息网络建设。大力实施“宽带乡村”战略，重点支持边远地区等第四代移动通信基站建设，加快实现高速宽带城乡全覆盖。持续加强光纤到村建设，完善4G网络向行政村和有条件的自然村覆盖，在部分地区推进“百兆乡村”示范及配套支撑工程。改造提升乡镇及以下区域光纤宽带渗透率和接入能力，开展有关城域网扩容，实现90%以上宽带用户接入能力达到50Mbps以上，有条件地区可提供100Mbps以上接入服务能力。

（七）防洪减灾工程。基本完成主要江河重点堤防工程，继续推进中小河流治理、病险水库（水闸）除险加固、山洪灾害防治项目和防汛抗旱能力建设。

（八）地质灾害综合防治体系建设。全面推进以地质灾害调查评价、监测预警、防治及应急体系建设为主要内容的地质灾害综合防治体系建设，大力提升地质灾害综合防治能力。

第二节　完善农村基本公共服务

促进公共教育、医疗卫生、社会保障等资源向农村倾斜，逐步建立健全全民覆盖、普惠共享、城乡一体的基本公共服务体系，让农民群众共享改革发展成果。

优先发展农村教育事业。统筹推进县域内城乡义务教育一体化改革发展，实行城乡统一、重在农村的义务教育经费保障机制，推动建立以城带乡、整体推进、城乡一体、均衡发展的义务教育发展机制。实施农村义务教育学生营养改善计划。完善以公办园和普惠性民办园为主体的学前教育服务网络，逐步完善学前教育政府、举办者、家庭合理分担成本机制。大力实施农村职业教育发展计划，推进职业院校布局结构优化调整，加快发展面向农村的职业教育，着力办好农村社区教育。深化产教融合、校企合作，逐步分类推进中等职业教育免除学杂费。积极稳妥推行民族地区乡村中小学“双语”教育，全面提高民族地区教育教学质量。推进城乡优质教育资源共建共享，加快教育信息化基础能力和应用能力建设，实施乡村教师支持计划、“特岗计划”和省公费师范生定向培养计划，统筹调配城乡中小学教职工，以市、县为单位，推动优质学校辐射农村薄弱学校常态化。适当提高乡村教师待遇，增强乡村教师队伍稳定性。

大力推进健康乡村建设。巩固和完善城乡居民基本医疗卫生和基本医疗保险制度，建立医疗保险稳定可持续筹资机制，稳步提高城乡居民基本医疗保险财政补助标准。深入实施国家基本公共卫生服务项目，注重防治结合，做好重点人群和重点疾病的健康管理服务。大力推进农村地区精神卫生、职业病和重大传染病防治，提高重点疾病筛查率和早诊早治率。推进乡村医疗卫生服务体系建设，建立城乡统一、重在农村的医疗卫生投入经费保障机制，完善医疗服务机构，配置医疗服务人员，加快建设县域内医疗共同体。实施乡村医疗队伍培养计划，健全农村住院医师规范化培养制度，大力开展农村全科医生转岗培训，支持并推动乡村医生申请执业（助理）医师资格，完善乡村医生待遇保障机制。

加大城乡医院对口支援和专家下基层的巡回诊疗力度，建立城市医院青年医师服务基层制度，发展远程影像诊断和远程会诊，提升基层医疗服务质量，方便农村居民就近就医。全面开展健康教育、健康促进活动和健康村镇建设试点。加快建立乡村家庭医生签约服务制度，提高签约服务质量。深入推进农民体育健身工程，丰富农民体育运动，增强农民体质。

构建多层次社会保障体系。按照兜底线、织密网、建机制的要求，全面建成覆盖全民、城乡统筹、权责清晰、保障适度、可持续的多层次社会保障体系。进一步完善城乡居民基本养老保险制度，加快建立城乡居民基本养老保险待遇确定和基础养老金标准正常调整机制，适时提高城乡居民基础养老金标准。巩固和完善城乡统一的居民基本医疗保险制度和大病保险制度，做好农民重特大疾病救助工作，拓展异地就医即时结算功能。逐步提高农村低保和80周岁以上老年人高龄津贴标准。全面落实特困人员救助供养制度，大力加强农村特困人员供养服务机构建设和管理，建立健全政府救助为主体、社会力量参与的社会救助体系。加快建立“三留守”关爱服务体系。继续推进“童伴计划”，并扩大其实施覆盖面。

提升乡村养老服务能力。实施农村养老保障行动，创新乡村养老服务机制，建立以居家为基础、社区为依托、机构为补充的多层次养老服务体系。支持以乡镇为中心，建立具有综合服务功能、医养相结合的养老机构，与农村特困供养服务、农村互助养老服务、农村居家养老服务相互配合，形成农村基本养老服务网络。大力培育和发展农村康养服务产业，鼓励企业、集体、个人投资农村康养产业开发项目，推动建设富有乡村特色的养生养老基地。推进老年宜居环境建设，开展适老化设施改造。积极开展养老护理人员培养培训，引导扩展适合老年人特点的文化娱乐、体育健身、休闲旅游、健康服务、精神慰藉等配套服务。

专栏15　农村公共服务提升行动

（一）乡村教育质量提升计划。合理布局农村地区义务教育学校，保留并办好必要的小规模学校，乡村小规模学校和乡镇寄宿制学校全部达到基本办学标准。加大对教育薄弱地区高中阶段教育发展支持力度，努力办好乡镇普通高中。加强乡村普惠性幼儿园建设。推进师范生实训中心和乡村教师发展机构建设，加大对乡村学校校长、教师的培训力度，落实好乡村教师补贴。继续实施好“特岗计划”，落实好特岗教师待遇。加快实施“三通两平台”建设工程，继续支持农村中小学信息化基础设施建设。

（二）健康乡村计划。加强乡镇卫生院、社区卫生服务机构和村卫生室标准化建设，基层医疗卫生机构标准化达标率达到95%以上，公有产权村卫生室比例达到80%以上，部分医疗服务能力强的中心乡镇卫生院医疗服务能力达到或接近二级综合医院水平，基层医疗卫生机构门急诊人次占总诊疗人次60%左右。深入实施国家基本公共卫生服务项目。开展健康乡村建设，建成一批整洁有序、健康宜居的示范村镇。加强基层公共体育设施建设，全面实施全民健身计划。

（三）全民参保计划。全面实施全民参保计划，基本实现法定人员全覆盖。重点促进中小微企业、农民工、灵活就业人员、新业态从业人员参保缴费。建立全面、完整、准确、动态更新的社会保险基础数据库，实施社会保障卡工程，不断提高乡村持卡人口覆盖率。

（四）农村养老计划。通过邻里互助、亲友相助、志愿服务等模式，大力发展农村互助养老服务。依托农村社区综合服务中心（站）、综合性文化服务中心，村卫生室、农家书屋、全民健身设施等，为老年人提供关爱服务。统筹规划建设公益性养老服务设施，推进农村公办养老机构床位改造提升，对10万张农村公办养老机构床位进行适老化改造，更好满足农村老年人养老服务需求。

第三节　推动农民持续增收

实施积极的就业政策，加快建立健全城乡劳动者平等就业制度，构建城乡均等的公共就业服务体系，健全农民工转移就业和多元化增收机制，确保农民收入持续增长。

拓宽农民就业增收渠道。实施乡村就业促进行动，发展壮大县域经济，大力发展乡村特色产业，创办环境友好型和劳动密集型企业，振兴传统工艺，培育一批家庭工场、手工作坊、乡村车间，推进乡村经济多元化，增强经济发展创造就业岗位能力，拓宽农民就业空间。大力推行农村公共基础设施村民自建，就近吸纳农村劳动力务工就业。结合新型城镇化建设合理引导产业梯度转移，推进农村劳动力转移就业示范基地建设，创造更多适合农村劳动力转移就业的机会。

加强劳务协作，完善职业培训、就业服务、劳动维权“三位一体”工作机制，积极开展有组织的劳务输出。

激发创新创业活力。实施农民创新创业行动，鼓励、支持农村青年和返乡农民工发展新产业新业态。加大返乡下乡创业基地建设力度，依托现代农业产业融合示范园区、工业园区等，盘活闲置土地、厂房等资产资源，整合发展一批返乡下乡创业孵化基地和创业园区。引导返乡下乡人员采取直接投资或参股经营等方式，与新型农业经营主体合作组建现代企业、企业集团或产业联盟，共同开辟创业空间。建立完善农村创新创业政策支持体系，为农村创新创业人员提供创业辅导、政策咨询、市场信息、集中办理证照等“绿色通道”服务，开展返乡农民工初创培训、创业辅导、创业提升培训，落实乡村创新创业定向减税和普遍性降费政策，整合多方资源建设众创、众包、众扶、众筹支撑平台，推动政策、技术、资本等各类要素向农村创新创业集聚。

强化乡村就业创业服务。健全覆盖城乡的公共就业服务体系，加强乡镇、行政村基层平台建设，全面开展就业政策法规咨询、信息发布、职业指导和职业介绍、就业和失业登记、农村劳动力转移就业等服务，组织推荐农村劳动者参加职业培训，组织开展就业服务专项活动。建立健全城乡劳动者平等就业、同工同酬制度，提高劳动者的就业稳定性和收入水平。加强农村就业创业社会保障平台建设，提供就业信息、创业指导、优惠政策享受等“一站式服务”。实施职业技能提升行动，建立健全以企业、职业院校和各类培训机构为依托，以就业技能培训、岗位技能提升培训和创业培训为主要形式，覆盖全体、贯穿终身的培训体系。有效有序引导社会资本扩大就业服务，合理布局建设一批公共实训基地。深入实施农民增收县委书记、县长负责制，完善农民就业保障制度，促进农民就业增收。

专栏 16　农民就业创业增收行动

（一）乡村就业促进行动。优化农村产业结构，加快推进农村一二三产业融合发展。鼓励在乡村地区创办环境友好型和劳动密集型企业。发展乡村特色产业，振兴传统工艺，培育一批家庭农场、手工作坊、乡村车间。

（二）农民创新创业行动。整合现有渠道，用 3 年时间培训 7 000 名农村双创人员和双创导师。创建 600 个具有区域特色的农村双创示范园区（基地）。实施返乡下乡创业培训专项行动。

支持有条件的创业企业建设技能大师工作室。深入推进农村青年创业致富“领头雁”培养计划，培养一批全国农村青年致富带头人。实施引才回乡工程，在返乡下乡创业集中地区设立专家服务基地，吸引各类人才回乡服务。

（三）农村劳动力技能培训。对农村未升学初高中毕业生等新生代农民工开展就业技能培训，累计开展农民工培训 18 万人次。继续开展就业技能培训、岗位技能提升培训、创业创新培训，推行终身职业技能培训制度，到 2020 年，使各类农村转移就业劳动者都有机会接受 1 次相应的技能培训。

（四）城乡职业技能公共实训基地建设。充分利用现有设施设备，结合地区实际建设一批区域性大型公共实训基地、市级综合型公共实训基地和县级地方产业特色型公共实训基地，构筑布局合理、定位明确、功能突出、信息互通、协调发展的职业技能实训基地网络。

（五）乡村公共就业服务体系建设。加强县级公共就业和社会保障服务机构及乡镇、行政村基层服务平台建设，合理配备经办管理服务人员，改善服务设施设备，推进基层公共就业和社会保障服务全覆盖。推进乡村公共就业服务全程信息化，开展网上服务，进行劳动力资源动态监测。开展基层服务人员能力提升计划。

第九章　高质量推进精准扶贫精准脱贫

坚持把打好脱贫攻坚战作为乡村振兴战略的优先任务，精心谋划、精心组织、精准施策，重点攻克深度贫困，建立稳定脱贫长效机制，确保贫困地区与全省同步全面建成小康社会。

第一节　深入实施精准脱贫

严格聚焦“两不愁、三保障”，完善工作机制，实施专项行动，明确工作责任，落实政策措施，以绣花功夫扎实抓好脱贫攻坚。

实施专项扶贫行动。实施产业扶贫行动，盘活贫困地区资源，优化扶贫产业布局，培育贫困村创业致富带头人，创新扶贫产品销售体系，着力构建贫困地区优质农产品供销体系，大力发展特色种养业、乡村旅游业、农村电商等，积极开展“四川扶贫”集体商标的注册推广，打造一批具有可持续发展能力的产业项目，因地制宜强化产业扶贫。实施就业扶贫行动，认真落实创建扶贫车间，以“1 库 5 名单”、技能培训行动、劳务协作、公益性岗位安置等为抓手，深入开展精准识别、精准就业服务，统筹推进贫困劳动力技能就业脱贫、异地转移就业脱贫、就地就近就业脱贫、灵活就业脱贫。实施住房安全保障行动，坚持“挪穷窝”与“换穷业”并举、安居与乐业并重、搬迁与脱贫并进，统筹抓好易地扶贫搬迁、藏区新居、彝家新寨、农村危房改造、地质灾害避险搬迁等农房建设。实施教育扶贫行动，实施好大小凉山教育扶贫提升工程、民族地区十年行动计划、深度贫困地区寄宿制学校等项目建设，落实好各阶段教育资助政策，落实民族地区 15 年免费教育、“9+3”免费职业教育、“一村一幼”等政策，确保贫困家庭适龄儿童义务教育不漏一人，做到教育扶贫优惠政策落实不漏一户。实施健康扶贫行动，认真落实县域内住院和慢性病门诊维持治疗医疗费用个人支付占比控制等政策，研究完善重特大疾病和县域外就医救助机制，全面实现贫困人口基本医疗有保障目标。

落实脱贫攻坚政策。落实财税支持政策，积极争取中央加大对四川扶贫开发的财政资金投入，对贫困地区属于国家鼓励发展的投资项目落实税收优惠政策。落实金融支持政策，鼓励和引导商业性、政策性、开发性、合作性等各类金融机构加大对扶贫开发的金融支持，认真落实国家扶贫贴息贷款政策和扶贫小额信贷政策。落实土地支持政策，将新增建设用地指标和城乡建设用地增减挂钩指标重点向国家扶贫开发重点县倾斜。按照国家耕地保护和农村土地利用管理有关规定，新增建设用地指标优先满足贫困地区易地扶贫搬迁建房需求，合理安排小城镇和产业聚集区建设用地，有效保障扶贫开发用地需要。支持 45 个深度贫困县城乡建设用地增减挂钩节余指标跨省域调剂。落实低保兜底政策，加强农村最低生活保障制度与扶贫开发政策有效衔接，将完全丧失劳动能力和部分丧失劳动能力且无法依靠产业就业帮扶脱贫的贫困人口纳入低保范围。

完善扶贫工作机制。坚持省负总责、市县抓落实的管理体制，完善相关管理办法和工作制度，严格执行脱贫攻坚党政一把手负责制，强化县级党委作为全县脱贫攻坚总指挥部的关键作用，保证各地扶贫工作落到实处。健全定点帮扶工作机制，加强和改进定点扶贫工作，因地制宜、因户施策，探索多渠道、多样化的精准扶贫、精准脱贫路径，提高扶贫措施针对性和有效性。优化完善贫困村“五个一”干部帮扶机制，同步加强有 20 户以上贫困户的非贫困村“三个一”帮扶，充分发挥第一书记、专业农技员等帮扶力量的作用。

完善东西部扶贫协作工作机制，加强与广东、浙江等省的省际协作，依托东西部扶贫协作，促进进一步深化合作，引入更多沿海发达地区工商资本、先进技术和管理经验，推进贫困地区快速发展。充分调动全社会扶贫积极性，建立完善政府主导、社会力量参与的扶贫工作大格局。完善奖惩机制，细化督查巡查、考核评估办法，切实落实扶贫工作责任。

第二节　重点攻克深度贫困

把攻克藏区彝区深度贫困堡垒作为脱贫攻坚重中之重，着力改善深度贫困地区发展条件，增强贫困农户发展能力，汇聚多方力量着力解决深度贫困地区区域性整体性贫困问题，确保打赢深度贫困地区攻坚战。

整合力量集中攻坚。严格执行深度贫困地区脱贫攻坚总体实施方案和年度专项实施方案，推动区域发展与精准扶贫有机结合，做好实施乡村振兴战略与脱贫攻坚有机衔接，聚力解决以深度贫困地区为重点的区域性整体贫困问题。针对民族特困地区实施重点帮扶工程，持续用力在藏区推进实施“六项民生工程计划”、在彝区推进实施“十项扶贫工程”和 17 条特殊支持政策、在凉山州推进实施综合帮扶 12 个方面 34 条支持政策。全面落实新增脱贫攻坚资金主要用于深度贫困地区、新增脱贫攻坚项目主要布局于深度贫困地区、新增脱贫攻坚举措主要集中于深度贫困地区和免除纳入年度专项扶贫计划新增项目资金县级配套“三增一免”总体要求。强化对深度贫困地区的金融支持，完善扶贫“四到县”机制，拓展县级项目资金整合范围。优先保障新增建设用地指标用于深度贫困地区发展需要。

加强协作合力攻坚。完善对口帮扶制度设计，实现深度贫困县每县都有省级领导、省直部门（单位）、高校、医院、国有企业联系帮扶。扎实推进省内7市35县对口帮扶藏区彝区45个贫困县工作。加大与中央定点扶贫单位沟通合作力度。加强与浙江、广东两省对接，瞄准贫困村、建档立卡贫困户，深入开展产业合作、劳务协作和人才支援等。创新扶贫协作方式，大力推进携手共建佛山—凉山东西部扶贫协作示范工作。鼓励发展多种形式的“飞地经济”，推动贫困地区与非贫困地区合作发展“飞地”园区，加快成都—阿坝、甘孜—眉山、德阳—阿坝、成都—甘孜、凉山—乐山等“飞地”园区基础设施建设，创新园区组织机制和管理模式，充分发挥“飞地”园区在资源集聚、优势互补方面的积极作用，实现深度贫困地区产业异地发展。

第三节　巩固脱贫攻坚成果

继续巩固深化脱贫攻坚成果，建立稳定脱贫长效机制，持续改善相对落后地区的发展条件，完善公共服务体系，增强脱贫群众发展的内生动力和持续增收能力，增强脱贫地区“造血”功能。

激发群众内生动力。坚持扶贫同扶志扶智相结合，鼓励采用生产奖补、劳务补助、以工代赈等机制，培育提升贫困群众发展生产和务工经商的基本能力，充分调动贫困群众脱贫奔康的积极性主动性。深入开展“感恩奋进”主题教育，常态化抓实中国梦等教育活动，引导贫困群众树立主体意识，坚定脱贫奔康的信心决心。切实推进农民夜校建设，培育打造一批示范夜校、示范实践基地，探索开办“网上夜校”“夜校微信群”，教育引导广大农民学政策、学法律、学文化、学技术。大力推进精神扶贫，继续推进贫困地区移风易俗行动，引导贫困群众摒弃不良生活习惯和社会交往习俗，形成现代文明的生活方式，养成勤劳致富、文明和谐的时代新风尚。

建立稳定脱贫长效机制。坚持防止返贫和继续攻坚有机结合，持续开展“回头看”“回头帮”，严格贫困对象退出标准，建立完善稳定脱贫跟踪监测、动态管理和分类施策机制，确保贫困现象不反弹、脱贫群众不返贫。以“防返贫、促奔康”为目标，以创建“四好村”为抓手，按照“脱贫不脱帮扶、脱贫不脱政策、脱贫不脱项目”要求，实施扶贫巩固提升工程，进一步巩固完善相对落后地区基础设施和公共服务，大力发展村级特色产业和集体经济，严格规范用好贫困村产业扶持基金和贫困户小额信贷分险基金，促进脱贫户持续稳定增收奔康，增强已退出贫困村可持续发展能力。总结脱贫攻坚经验，探索统筹解决城乡贫困的政策措施，在脱贫攻坚期内保持脱贫政策延续性和稳定性，构建完善“造血”功能、改善“输血”机制、健全“失血”救助的长效机制，确保贫困群众脱贫奔康。

专栏 17　精准扶贫精准脱贫行动

（一）产业扶贫行动。深化农业供给侧结构性改革，扎实稳妥有效推进产业扶贫。大力发展具有特色优势的现代种植业、养殖业、林果业和乡村旅游业。加快推进农村一二三产业融合发展，大力推进农产品初加工和精深加工。优先推荐深度贫困县申报电子商务进农村国家级综合示范县，实施省级电子商务脱贫奔康示范县和商贸流通脱贫奔康示范县建设。

（二）就业扶贫行动。深入落实进一步做好就业扶贫工作的9条措施，推动贫困劳动力多渠道实现就业务工增收。通过东西部扶贫协作就业促进、企业定向招工、劳务输出对接服务等方式新增转移就业。开发护林绿化等公益性岗位，选聘安置特别困难的贫困劳动力。

（三）住房安全保障行动。认真落实全省农村住房统筹管理联席会议制度，积极统筹易地扶贫搬迁、农村危房改造、彝家新寨、藏区新居、地质灾害避险搬迁、水库移民避险搬迁等各类农房建设项目，分年度分类别严格实施各类农房政策，加强深度贫困地区脱贫攻坚农房建设专项检查和督促指导，支持、鼓励农村村民对住宅采取抗震设防措施，逐步提高农村民居的抗震能力，做好住房安全保障情况分析，确保农房建设质量安全。

（四）教育扶贫行动。化解大班额，改善贫困地区义务教育阶段学生寄宿条件。完善教育扶贫救助体系，落实控辍保学责任，确保义务教育阶段学生不因贫失学。鼓励和引导更多贫困学生接受职业教育，增加就业。着力加强贫困地区教师培养培训，推进内地学校优质教育资源和贫困地区学校共建共享，让贫困地区学生享受到更多、更高质量的教育，不断提升乡村教育质量。推进深度贫困县本土人才培养计划，为贫困地区培养留得住的人才。推进高校对口帮扶深度贫困县、内地优质中小学对口帮扶深度贫困县中小学，帮助提高管理质量和教学质量。

（五）健康扶贫行动。实施贫困人群医疗救助扶持行动、贫困人群公共卫生保障行动、贫困地区医疗能力提升行动、贫困地区卫生人才培植行动、贫困地区生育秩序整治行动“五大行动”；实施深度贫困县医疗卫生机构建设填平补齐工程、医疗卫生人才振兴工程、优质资源下

沉精准传帮带工程、基层履职尽责考核推动工程“四项工程”；推进大病集中救治一批、慢病签约服务管理一批、重病兜底保障一批“三个一批”；开展大小凉山彝区艾滋病防治攻坚和高原藏区包虫病防治攻坚。

（六）东西部扶贫协作和对口支援行动。加强与浙江、广东两省沟通对接，围绕脱贫攻坚目标，突出做好产业合作、劳务协作和人才支援等东西部扶贫协作各项工作，着力做好扶持教育发展、培育优势产业、促进就业创业、加强生态建设和环境保护、增强基层公共服务能力、深化经济技术和人才交流6项对口支援重点任务。

（七）“飞地”园区建设项目。做强做大成都—阿坝、甘孜—眉山、成都—甘孜、德阳—阿坝等现有“飞地”园区，加快推进凉山—乐山“飞地”园区和佛山—凉山花卉科技产业园、农业产业园建设，探索建设多种合作模式的“飞地”园区，发展多种形式的“飞地经济”。

（八）加强贫困地区交通建设。优先支持贫困地区重大交通项目，加快高速公路向贫困地区延伸，实现民族地区州府所在地都有高速公路连接。加快推进贫困地区国省干线公路提档升级，构建对外畅通、路况良好、抗灾能力强的国省干线公路网络。

第十章　建立健全城乡融合发展体制机制

深化农业农村改革，激发农村内部发展活力，优化农村外部发展环境，加快完善城乡融合发展的体制机制和政策体系，推动人才、土地、资本等要素双向流动，为乡村振兴注入新动能。

第一节　深化农村产权制度改革

以农村集体产权制度改革为突破口深化农业农村改革，健全农村集体资产管理制度，激发农村市场活力，盘活农村闲置资源，发展壮大新型集体经济。扎实推进农村集体产权制度改革。全面开展农村集体资产清产核资和集体成员身份确认，加快推进集体经营性资产股份合作制改革，到2019年基本完成集体资产清产核资，到2021年基本完成农村集体产权制度改革。全面完成农村各类产权确权和登记颁证，加快推进“房地一体”的农村宅基地和集体建设用地使用权确权登记颁证。进一步深化集体林权制度改革。探索推进水权制度改革，全面推进农业水价综合改革，深入推进水利设施产权等领域改革。健全农村产权流转市场体系，完善配套措施和工作机制，推动成为农村各类资产资源流转交易、项目招商活动、项目合作的综合性服务平台。全面深化供销合作社综合改革。

发展壮大新型集体经济。实施新型集体经济发展壮大工程。总结推广扶持发展村级集体经济改革试点经验，推广资源变资产、资金变股金、农民变股东的“三变”改革模式。

鼓励农村集体经济组织探索资产租赁型、资源整合型、稳健投资型、区位特色型、服务创收型等发展模式。支持农村集体经济组织承担或参与财政支农项目建设，探索财政支农项目实行股份量化到村集体资产，建立合理利益分配机制。鼓励将农村集体资产入股参与农村新产业新业态发展，促进城乡要素平等交换，拓宽集体经济发展途径。用好用活贫困村产业扶持基金，探索“四荒”资源开发的新模式。

第二节　深化农村土地制度改革

牢牢把握农村改革主线，处理好农民和土地的关系，依法有序推进农村承包地、宅基地“三权分置”，在国家授权地区推进农村集体经营性建设用地入市改革试点，实现农村土地资源有效配置、充分利用，强化乡村振兴用地保障。

推进农村承包地“三权分置”改革。落实农村土地承包关系稳定并长久不变政策，衔接落实好第二轮土地承包到期后再延长30年的政策。落实农村承包地“三权分置”制度，在依法保护集体所有权和农户承包权前提下，平等保护土地经营权。探索颁发土地经营权证。农村承包土地经营权可以依法向金融机构融资担保、入股从事农业产业化经营。坚持以放活土地经营权为重点，发展土地流转型、土地入股型、服务带动型等形式的适度规模经营。完善牧区草原家庭经营责任制，稳妥开展草原确权登记颁证试点工作，积极推行草原规范流转。

盘活农村存量建设用地。在符合土地利用总体规划前提下，推进村土地利用规划编制工作，在确保村域范围内耕地数量不减少、质量不降低的前提下，允许县级政府通过村土地利用规划调整，按法定程序实施土地整治和城乡建设用地增减挂钩等，优化村土地利用布局，有效利用农村零星分散的存量建设用地。在同一乡镇范围内，允许通过村庄整治、宅基地和农村空闲建设用地整理，调整村庄建设用地布局。

预留部分规划建设用地指标用于单独选址的农业设施和休闲旅游设施建设。严格实施土地用途管制。依法有序推进农村宅基地所有权、资格权、使用权“三权分置”。推进成都市集体建设用地建设租赁住房试点改革工作。做好成都市郫都区、泸县国家农村土地制度改革试点工作。

完善乡村用地保障机制。新增建设用地计划优先满足农业农村发展需求，各地按不低于省上下达年度新增建设用地计划总量的 8%予以单列，支持农村新产业新业态发展。对发展乡村旅游、休闲、养老、健康等特色产业使用建设用地的，允许实施点状供地。保障设施农业用地，对从事冷链物流、烘干仓储、农产品加工、森林康养、休闲农业和乡村旅游等经营活动的新型农业经营主体，辅助配套设施建设用地可在此基础上再增加 3%。保障农村水利基础设施建设用地，村组直接受益的小型水利设施建设用地，仍按原地类管理，不办理转用审批手续。

第三节　加快农业转移人口市民化

深化户籍制度改革，全面实行居住证制度，保障进城农民权益，促进有能力在城镇稳定就业和生活的农业转移人口有序实现市民化。

深化户籍制度改革。深入推进户籍制度改革，促进农村户籍管理政策与农村“三权”改革政策紧密衔接，全面规范农村地区户籍迁移政策和分户政策。进一步调整、放宽户口迁移条件，制定分类落户措施，全面放宽大中小城市和建制镇落户条件，配套出台促进农业转移人口市民化的政策制度。建立城乡统一的户口登记制度，实施流动人口服务管理制度，创新人口管理方式。全面实行居住证制度，建立健全与居住年限等条件相挂钩的基本公共服务供给机制。探索推广条件入户和积分入户“双轨并行”制度，鼓励有条件的农业转移人口率先实现市民化。

保障进城农民权益。保障农业转移人口随迁子女平等享有受教育权利，将随迁子女义务教育纳入各级政府教育发展规划和财政保障范围。贯彻落实《四川省就业和失业登记办法》，面向农业转移人口全面提供政府补贴职业技能培训服务，加大就业创业政策扶持力度。将农业转移人口及其他常住人口纳入社区卫生和计划生育服务体系，提供基本医疗卫生服务。把进城落户农民完全纳入城镇社会保障体系，有效解决农民养老和医疗保障问题。把进城落户农民完全纳入城镇住房保障体系，采取多种方式保障农业转移人口基本住房需求。

完善政策激励机制。维护进城落户农民土地承包权、宅基地使用权、集体收益分配权，引导进城落户农民依法自愿有偿转让上述权益。加快户籍变动与农村“三权”脱钩，不得以退出“三权”作为农民进城落户的条件。落实支持农业转移人口市民化财政政策、城镇建设用地增加规模与吸纳农业转移人口落户数量挂钩政策。完善与城乡人口变化规律相适应的公共财政分配制度，健全由政府、企业、个人共同参与的市民化成本分担机制。

第四节　创新乡村人才振兴机制

实行更加积极、开放、有效的人才政策，让愿意留在乡村、建设家乡的人留得安心，让愿意返乡下乡创业就业、回报乡村的人更有信心，推动乡村人才振兴。加快培育新型职业农民。按照爱农业、懂技术、善经营的总要求，全面建立职业农民制度。建立新型职业农民教育培训体系，研究制定新型职业农民教育总体规划，加强涉农专业全日制学历教育，研究开设与推进农业农村现代化相适应的实用专业，逐步建立初、中、高三级新型职业农民教育体系，支持新型职业农民按国家相关规定通过弹性学制参加中高等农业职业教育。实施农村职业经理人壮大行动，以家庭农场、农民合作社等新型经营主体为载体，扶持一批农业职业经理人、经纪人。深入开展新型职业农民制度试点，鼓励有条件的地方探索构建标准条件、生产经营、社会福利等政策体系，形成扶持各类人才进入新型职业农民队伍的制度安排。引导符合条件的新型职业农民参加城镇职工养老、医疗等社会保障制度。鼓励各地开展职业农民职称评定试点，建立新型职业农民信息管理系统和档案管理制度。

打造农村专业人才队伍。加强市县党委、政府分管负责同志、农口部门主要负责同志队伍建设，完善培养、考核、选拔、任用机制，推动实现“三农”领导干部年轻化、专业化、专家化。加强乡镇、村干部的培训培养力度，开辟优秀年轻干部来源，优化乡村治理人才队伍。建立青年公职人员到乡村挂职制度、新进公职人员到农村开展定期服务制度。加强涉农院校和涉农学科专业建设，加快培育农业科技、科普人才，深入实施农业科研杰出人才计划和杰出青年农业科学家项目，为乡村振兴培养专业化人才。建立县域专业人才统筹使用制度，提高农村专业人才服务保障能力。采取定向招生、定向培养、定向就业的方式，由省属公办高职院校面向 45 个深度贫困县招录培养高职（专科）技能人才。发展壮大农技推广人才队伍，全面实施农技推广服务特聘计划，探索公益性和经营性农技推广融合发展机制，支持农技人员创新创业，允许农技人员通过提供增值服务合理取酬。实施乡土人才培育行动，开展乡土人才示范培训，认定一批带动能力强、有农业生产经验或一技之长的“土专家”“田秀才”和农村家庭能人。加快乡村旅游提升人才队伍建设，着力创新开展乡村旅游规划师、工程师、技术员试点工作，培养一批有文化、懂经营、会管理的新型乡村旅游实用技术人才。

加大对乡村手工艺人的扶持力度，以乡村手工业、建筑业和民间文艺为重点，培育一批技艺精湛、扎根农村、热爱乡土的乡村工匠。

引导社会人才流向乡村。鼓励各地出台市场准入、财政投入、金融服务、用地用电等方面的优惠政策，支持各类人才流向乡村创业就业。推行“岗编适度分离”新机制，引导教育、卫生、农业、法律、文化等行业科技人员、专业技术人员向基层流动。推进大学生村干部和高校毕业生“三支一扶”计划，引导高校毕业生返乡创业就业。建立乡村人才援助机制，定期从省会城市和市（州）政府所在地选派优秀教师、医生、科技、法律和文化工作者等到乡村开展援助服务。研究制定管理办法，允许符合要求的公职人员回乡任职。实施专家下基层活动，组织专家到乡村开展智力服务。

建立农业企业家联系帮扶工作机制，增加各级人大代表、政协委员中农业企业家比例。充分发挥群团组织和民主党派的优势和力量，共同推动乡村振兴。积极引导和支持退休干部、知识分子和工商界人士等新乡贤返乡。实施“夕阳红”示范工程，鼓励老年人积极参与乡村振兴。

专栏 18　乡村振兴人才支撑行动

（一）农业科研杰出人才计划和杰出青年农业科学家项目。面向生物基因组学、土壤污染防控与治理、现代农业机械与装备等新兴领域和交叉学科，加快培养农业科技领军人才和创新团队。

（二）乡土人才培育行动。开展乡土人才示范培训，实施职业农民“学历提升计划”，培育一批“土专家”“田秀才”和产业发展带头人及农村电商人才，扶持一批农业职业经理人、经纪人，培养一批生产能手、经营能手、能工巧匠、文化能人和非遗传承人。

（三）乡村财会管理“双基”提升计划。以乡村基础财务会计制度建设、基本财会人员选配和专业技术培训为重点，提升农村集体经济组织、农民合作组织、自治组织的财务会计管理水平和开展各类基本经济活动的规范管理能力。

第五节　健全多元投入保障机制

建立健全财政支农资金稳定投入机制，形成财政优先保障、社会积极参与的多元投入格局。推进农村金融改革，补齐农村经济社会发展的金融短板。

坚持财政优先保障。建立健全实施乡村振兴战略财政投入保障制度，全面落实财政支农投入持续增长机制，确保财政投入与乡村振兴目标任务相适应。实施财政支农考评制度，建立市县多投入、省级多补助的激励机制，引导市、县加大农业农村投入。调整完善土地出让收入使用范围，进一步提高农业农村投入比例。改进耕地占补平衡管理办法，积极争取自然资源部支持，建立高标准农田建设等新增耕地指标和城乡建设用地增减挂钩节余指标跨省域调剂机制，将所得收益通过支出预算全部用于巩固脱贫攻坚成果和支持实施乡村振兴战略。加快建立涉农资金统筹整合长效机制，总结推广贫困县统筹整合使用财政涉农资金试点经验和财政资金“五补五改”模式。加大县、乡基本财力保障和村级组织运转经费保障力度。

创新乡村振兴投资模式。充分发挥金融机构、农业投资平台、各类投资引导基金在农业投融资等方面的带动作用，积极鼓励各类市场主体参与乡村振兴发展。支持市、县政府将上级政府转贷的一般债券用于支持乡村振兴、脱贫攻坚领域的公益性项目。推动项目收益与融资自求平衡的专项债券试点，支持符合条件有一定收益的乡村公益性项目建设。探索建立以县为主、省市适当补助、县域封闭运行的乡村振兴贷款风险金制度。加大农村基础设施和公用事业领域开放力度，完善政府和社会资本合作（PPP）项目价格和收费适时调整机制，统筹安排不同回报价值的项目，以合理回报吸引更多社会资本参与乡村振兴。继续深化“放管服”改革，鼓励工商资本投入农业农村，支持工商企业为乡村振兴提供综合性解决方案。总结推广农村小型公共基础设施村民自建的经验做法。规范政府举债融资行为，不得借乡村振兴之名违法违规变相举债。

完善农村金融服务机制。发挥再贷款、再贴现等货币政策工具的引导作用，引导金融机构加大“三农”金融供给。梳理乡村振兴重点项目、企业融资需求，依托货币信贷大数据系统做好资金供需双方的信息互通和融资对接。深入推进银行业金融机构专业化体制机制建设，推动政策性银行在乡村振兴中积极发挥作用，优化村镇银行布局和设立模式，稳妥培育村镇银行。落实地方政府监管责任，探索农村资金互助社、村级扶贫互助社和农民合作社内部信用合作等实现形式。推动农村信用社省联社改革，保持农村信用社县域法人地位和数量总体稳定。完善农业信贷担保、再担保体系建设，建立完善各级融资担保体系，增强担保融资增信功能，支持发展农户小额贷款、农业产业链贷款等多种形式贷款，稳妥有序开展农村承包土地经营权、农民住房财产权、集体经营性建设用地使用权抵押贷款试点，推广农村土地流转收益保证贷款，支持集体林权抵押融资。鼓励符合条件的涉农企业发行银行间市场债务融资工具、公司债、企业债等债券融资，支持地方法人金融机构发行“三农”专项金融债券，鼓励开展集体资产股权融资试点。健全农村金融风险缓释机制，形成省农担公司为龙头、市（州）农担为纽带、县级农担为基石的全省三级农业信贷担保体系，支持农业政策性担保公司扩大规模和覆盖面，推动农业担保可持续发展。鼓励保险机构筹集资金开发适应新型农业经营主体需求的保险品种，扩大地方特色农业保险、目标价格指数保险、14 个产粮大县农业大灾保险等覆盖面，提高农业保险保障程度，促进农业特别是养殖业的稳定发展和抗风险能力。推进农村信用体系建设工程，积极开展信用户、信用村、信用乡镇创建活动，完善激励措施，建立健全农民信用联保制度，鼓励有条件的地区引入征信机构参与农村信用体系建设。

专栏 19　乡村振兴金融支撑重大工程

（一）金融服务机构覆盖面提升。稳妥培育村镇银行，推进“多县一行”制试点工作。在严格保持县域网点稳定的基础上，推动银行业金融机构在风险可控、有利于机构可持续发展的前提下，下沉业务重心，到空白乡镇开设网点，进一步提升农村金融服务覆盖面。

（二）农村金融服务“村村通”。在具备条件的行政村，运用多样化金融电子机具推动金融服务向行政村延伸服务，通过农村社区超市、供销社经营网点，广泛布设金融电子机具、自助服务终端和网络支付端口等，逐步完善农村助农取款点功能。

（三）金融支农服务技术提升计划。创新“三农”金融服务的新渠道、新手段、新方式和风险防控措施，为各类农业经营主体提供基础性、综合性金融服务。

（四）农村金融产品创新行动。推广“政担银企户”多方联动的财金互动模式，强化涉农担保机构、银行、农业企业、农户的利益联结。深化“银保合作”，开发设计以贷款保证保险为风险缓释手段的小额贷款产品。探索开展适合新型经营主体的订单融资和应收账款融资业务，在具备条件的地区开展大型农机具等农业生产设备、设施抵押贷款业务。

（五）农村信用体系建设。搭建以“数据库+网络”为核心的信用信息服务平台，建立健全农村社会成员信用档案，提高信用体系覆盖面和应用成效。积极推进信用户、信用村、信用乡镇创建，提升农户融资可获得性，降低融资成本。加快农村征信方式创新，广泛接入农业产业链、农业电商、第三方支付等多种渠道信用数据，推动政务信用信息在金融授信领域的深度应用，合规开展征信业务。

第十一章　加强规划组织实施

坚持党的领导，突出规划引领，充分发挥政府作用，积极调动社会参与，坚持一张蓝图绘到底，推动四川乡村跨越发展和全面振兴。

第一节　加强党的领导

加强党对“三农”工作的领导，完善实施乡村振兴战略领导体制，强化统筹指导，创新工作推进机制，坚持乡村振兴重大事项、重要问题、重要工作由党组织讨论决定的机制，建立和落实党政一把手第一责任人制度，坚持五级书记抓乡村振兴，为实现乡村振兴提供坚强保障。认真落实县（市、区）委书记作为乡村振兴“一线总指挥”的工作要求，坚持工业农业一起抓、城市农村一起抓，把农业农村优先发展原则体现到各个方面，形成乡村振兴工作合力，统筹协调、整体推进、督促落实。

第二节　落实各方责任

强化各级党委、政府在实施乡村振兴战略中的主体责任，推动各级干部主动担当作为。各市（州）、县（市、区）要依照本规划科学编制乡村振兴地方规划或方案，科学制定配套政策和配置公共资源，明确目标任务，细化实化政策措施，增强可操作性。各部门（单位）要各司其职、密切配合，抓紧制定专项规划或实施方案，细化落实并指导各地完成本规划提出的主要目标任务，研究制定推动城乡融合发展的体制机制，出台人才、土地、资金等资源要素流向农业农村的政策措施，推进乡村振兴重大项目和工程，保障乡村振兴战略有效实施。统筹政府和社会力量，搭建社会力量积极参与乡村振兴平台，构建政府、市场、社会和农民群众协同推进的乡村振兴参与机制。抓好乡村振兴战略规划与各类经济社会发展规划的统一和衔接，严格实行规划审批制度，强化乡村振兴战略规划执行监督。

第三节　打造典型示范

坚持典型带动，鼓励各地从乡村发展的实际出发寻找突破口和切入点，探索乡村振兴的有效模式和路径，着力打造乡村振兴的示范县、示范乡和示范村，实现以点带面，点面结合，推动顶层设计和基层实践探索良性互动。出台实施乡村振兴战略考评激励办法，设立乡村振兴工作先进奖。乡村振兴试点示范采取分级负责、共同推进，省级层面重点抓好县级试点示范，乡级、村级试点示范分别由市级、县级负责。各地要综合考虑基础条件、财力保障等因素，合理确定试点示范县、乡、村的规模与数量。各地要加大乡村振兴投融资平台和公共服务平台建设，落实要素保障，强化工作推进，开展监测评估，及时总结推广好经验好做法，争当乡村振兴“排头兵”。

第四节　强化法治保障

各级党委、政府要善于运用法治思维和法治方式推进乡村振兴工作，在规划编制、项目安排、资金使用、监督管理等方面提高规范化、制度化、法治化水平。研究制定适应四川乡村振兴的地方性法规、政府规章，及时修改和废止不适应的地方法规，推动各类组织和个人依法依规实施和参与乡村振兴。加强基层执法队伍和执法能力建设，强化涉农法律法规的执行和落实，促进社会公平正义，维护群众合法权益，为乡村振兴营造良好的法治环境。在不违背法律、法规、政策的前提下，探索建立实施乡村振兴战略容错纠错机制，加强市场监管，规范乡村市场秩序，做到有法必依、执法必严，激励基层创新并避免短期化行为。

第五节 抓好考核评估

加强乡村振兴战略规划实施考核和激励约束，明确规划确定的约束性指标及重大工程、重大项目、重大政策和重要改革的责任主体和进度要求，确保质量和效果。将规划实施成效纳入各级党委、政府及有关部门的年度绩效考评内容，考核结果作为有关领导干部年度考核、选拔任用的重要依据，推动各项目标任务按照时间节点和计划要求规范有序落地落实。各市（州）党委、政府每年向省委、省政府报告乡村振兴战略实施情况，各县（市、区）政府每年向同级人大报告、政协通报乡村振兴战略实施情况。加强乡村统计工作和数据开发应用，建立科学全面的乡村振兴战略统计监测制度和乡村振兴战略实施进程及成效评价指标体系，开展乡村振兴战略统计监测，加强规划实施督促检查，适时开展规划中期评估和总结评估。